本书获评“复旦大学哲学学院源恺优秀著作奖”，
由上海易顺公益基金会资助出版。

日月光华·哲学讲堂

04

爱的概念

[匈牙利] 加波尔·鲍罗斯 著 吴树博 译

上海人民出版社

总　序

“日月光华，旦复旦兮”，思想之光，代代相传。在复旦哲学走过一个甲子之际，“日月光华·哲学书系”“日月光华·哲学讲堂”应运而生。这既是过往思想探索道路上的熊熊火炬、坚实基石，以砥砺后学继续前行，亦是期许未来学术反思的灿然星辰，以哲学之力去勘探人类精神应有之高度与广度。为此我们当勤力不殆。

“兼容并蓄”是哲学成长的传统。复旦哲学建系伊始，胡曲园、全增嘏、严北溟、陈珪如、王遽常等诸位先生学识渊博，其来有自，奠定了复旦哲学的根基。他们不独立门户，不自我设限；不囿于教条，不作茧自缚；而是以思想和问题为导向，兼容并蓄，博采众长，由此造就了六十年来复旦哲学的特色。诸位奠基先贤始终秉持开放而专业的态度，强调严肃的学术训练，打破学科壁垒，追寻思想脉络，力图以真切而深邃的思考达致生活之本真，捕获时代之真精神。

“时代担当”是哲学不变的使命。自改革开放以来，以思想深入时代，对时代的根本问题做出积极的求索，是复旦哲学另一鲜明特色。真正的思想探索和学术研究理应紧紧抓住与时代血脉相连的命题，提炼精华，不断对人类生存的基本问题做出回应。优秀的学者须有冷静的观察和深刻的反思，但这并不等于将自己封闭在无根的象牙塔中，而是真实切入时代命题的必备前提。切问而近思，人类的根本命题始终激荡于胸！

我们将以开放和虚心的态度来传承这些特色。“日月光华·哲学书系”不但收录了复旦哲院教师以往的代表作，也以面向未来的姿态吸纳复旦哲学人的最新力作。我们希望这一书系成为一个开放式的平台，容括从复旦求学毕业、在复旦从事教学和研究，以及到复旦访问讲学的学界同仁的优秀著作，成为推动汉语哲学界不断发展前行的引擎。“日月光华·哲学讲堂”，则希望将国内外学者在复旦所做的系列讲座整理成文，编撰成册，努力展现他们思想的源初轨迹，推进其理论贡献。以“日月光华”为平台，以学术为标尺，使国内外学者的优秀成果在共同的学术园地上得以生动呈现。这必将是一个漫长而艰难的过程，需要敞开的思想姿态、精准的学术眼光以及异乎寻常的努力与坚持。我们希望把复旦哲学“扎根学术、守护思想、引领时代”的精神风格融入这两套丛书；我们期许它们不但能透彻地刻画出思想本身的发展历程，还将在更为丰满的历史背景中探索思想的作用。唯有如此，我们的“书系”与“讲堂”才能超出一般丛书的范畴，真正成为时代精神的捕获者、诠释者、推动者和反思者。

思想薪传在任何时代都是无声、艰辛和困苦的事业，隐于“日月光华”这一个美好愿景背后的深意尤为紧要：思想的守护与传承是“旦复旦兮”的意涵所在，精神的催生与创新是生生不息的事业。“书系”与“讲堂”的出版并不是书目的简单累积，也不是论题的无序叠加，而是思想的流动和生长，是已有思想激发新思想的创造过程，是不断厘清思想限度、拓展思想疆域的漫漫求索，是幽微星火燃成日月光华的坦荡大道。在几辈学人的共同理想和不懈坚持下，既往的成果已然成为了沉甸甸的责任。由此，在决定“书系”与“讲堂”的名称时，我们选择将我们的理想标示出来，以此自勉，并期望人类趋向光明的理想，终将启迪人类的智慧，并照亮那条崎岖不平却让人甘之如饴的精神道路。

是为序。

孙向晨

二〇一六年九月于复旦

目录

译者序

摆在读者面前的这本书是由匈牙利布达佩斯罗兰大学的加波尔·鲍罗斯教授撰写的四篇论文结辑而成的文集。而这四篇文章是在作者于复旦大学哲学学院所做四次讲座之讲稿的基础上整理而成（四次讲座的时间分别是2015年4月29日和2015年12月15—17日）。虽然这些文章分别涉及西方哲学史上不同的时期和不同的人物，但是它们却有着一个共同的主题，那就是西方哲学（甚至是西方文化生活）中爱的概念；同时也正是这个共同的主题使得这几篇文章构成了一个有机的统一体。而就文中的总体倾向和侧重点来看，早期近代时期（17世纪和18世纪中前期）的几位重要的哲学家对爱的理解和阐释成为了作者探讨的重点。

凡是对西方哲学有所涉猎的人都会意识到"爱"这种特殊的情感在西方哲学发展历程中所占据的关键地位。首先，我们今天所说的"哲学"源于古希腊语中的

"φιλοσοφία"一词，而后者就其字面含义来看乃是"爱智慧"之义。因此，虽然哲学是一种特别强调理性论证和思辨的学问，但是在其产生伊始，它就绝非单向度的，而是始终与作为人类基本情感现象的爱紧密缠绕在一起。其次，爱的哲学意义在很多古代哲学家的理论中有着鲜明体现：从恩培多克勒提出的作为宇宙生成与运动之原动力的爱与恨，经由柏拉图笔下的"厄洛斯"（ἔρως）对人的思想与生活的深重影响，再到亚里士多德在《尼各马可伦理学》中对"友爱"（φιλία）的特别关注和探讨，我们都能够深切体会到"爱"本身所特有的理论构建功能。

而在以基督教信仰和文化为核心的中世纪时期，作为基督教的三主德（即信、望、爱）之一，爱更是被很多基督教神学家和哲学家提升到新的高度。当然，在中世纪总体的神学背景下，爱的概念首先要在圣经与信仰的范围之内得到考虑，一切世俗的或肉体的爱都必须在神圣之爱或纯洁之爱的背景下得到考量和校正；对于以阿芙洛蒂特或维纳斯为象征的古代异教的爱的观念和形象，基督教的理论家们自然都给予了深刻的压制和解构。

正是在这种互为对照的思想背景下，本书的第一篇文章《伊壁鸠鲁式的爱的概念与经院哲学中的爱的概念：一种比较研究》对两种不同世界图像下的爱的概念进行了考察。作者首先从宇宙论、生物学等角度出发并以新的视角和手法对卢克莱修《物性论》中的伊壁鸠鲁式的爱的概念进行了剖析。作者认为，通过将拟人的、诗歌的手法和伊壁鸠鲁的科学化的哲学分析相结合，卢克莱修使作为爱之象征的维纳斯女神在整个诗篇所构想的宇宙生机系统中发挥了积极的生产功能，这种爱已不再单纯局限在情爱的狭隘范围之内，而是成为宇宙万物得以生成的根源，甚至人类社会的结成也在很大程度上以爱为基础。而该文的后半部分则着重以奥古斯丁、阿奎那和卡佩拉努斯为例，探讨了基督教的神学—目的论背景中作为秩序的爱。一般而言，在基督教之中，爱是一种诫命，而这种作为诫命的爱又是一种有其自身之次序的爱：在被爱的对象之中，上帝是首要的，其次是人的作为灵魂的自我，然后是其他人，最后是人自己的身体。对于不同的对象，人的爱应当有不同的方式和程度；而人的最终的目的则是爱上帝，并通过这种爱而享有上帝，也正是通过这种神圣之爱，人才能规约其自身的世俗之爱和肉欲之爱。这样一种爱的观念显然与前面以维纳斯作为其象征的异教之爱有着鲜明的差异甚至是冲突。而这种考察也为后面探讨近代早期的爱的概念提供了理论背景。

从一般层面上来看，近代早期的欧洲哲学和文化是在两场革命的基础上确立起来。这两场革命分别是文艺复兴和宗教改革。它们为近代欧洲思想文化的变革确立了根基，并规定了其随后的发展方向。而在文艺复兴过程中最为核心的则是人文主义运动。依据意大利哲学家安东尼奥·内格里的观点，人文主义的革命思想以力量—欲望—爱（vis—cupiditas—amor）这个三联体作为其根本的生产矩阵，而这个三联体中的诸要素对于17世纪的哲学家构建他们的形而上学和伦理学理论又是极为关键的。

在第二篇文章《17世纪爱的形而上学概念》里，作者探讨了笛卡尔、斯宾诺莎和马勒伯朗士等哲学家如何在他们新的形而上学思想上重新构想爱的概念。我们知道，17世纪是一个非常特殊的时期，当时哲学和神学还没有严格划清界限，许多哲学家同时也会提及或考察神学上的问题，但是他们又都纷纷以新的数学—物理学来对世界本身做出新的解释，从而与传统神学产生了激烈冲突，这一点不仅在宇宙论和物理学层面有所体现，甚至在他们的伦理学或道德哲学中也有清晰的反映。17世纪的哲学家们都想使伦理学摆脱以往那种不精确形象，转化为伦理科学或科学的伦理学，为此他们普遍地以形而上学作为探讨伦理问题的基础，而这种基础的考察又特别指向了作为人性之根本的情感。只有对人的情感有了科学的分析，科学的伦理学才能被确立。为此，哲学家们普遍把定义的方法引入到对情感的研究之中，也就是说，他们力求为每一种情感都给出定义，并以此揭示出这种情感的本质，对于爱亦是如此。由于神学要素在17世纪哲学中依然有着很深的影响，所以当时大多数哲学家都以对上帝的爱或神圣之爱作为人所具有的最高的爱，但是由于他们所秉持的形而上学和总体世界观的转变，这种对上帝的爱已经不再单纯从信仰的角度来界定，而是更多地以“对上帝的理智之爱”的形式表达出来，与此同时，随着作为主体的人逐步被确立起来，人在这种爱之中逐渐占据了更为重要的地位，而人对自身的爱也在更高的程度上得到了承认。

然而，在随后的18世纪，随着启蒙哲学家们从根本上放弃了上个世纪的思想家们所确立的一般形而上学框架和总体的世界观，他们关于爱的构想也发生了深刻的转变。第三篇文章《爱的哲学中的反形而上学转向》向我们展示出，法国启蒙哲学家狄德罗彻底抛弃了以往的实体形而上学，他以莱布尼茨的连续律为基础将整个宇宙描绘为一个不断流动的普遍动力系统。个别的物体不仅不再是个别实体，甚至也不再具有斯宾诺莎所说的样式意义。在这样一种背景下，对于上帝的神圣之爱因这种无神论框架而失去了意义；以往在人类学意义上所提及的人与人之间的爱也被极大弱化，取而代之的是更多地从普遍的自然——尤其是生物学——的视角来被界定的那种形态的爱。

与狄德罗同时代的英国哲学家休谟也归属于启蒙哲学的阵营，并分享了法国启蒙哲人的那种反形而上学倾向。最后一篇文章《休谟对爱的自然主义阐释》则是在休谟的反形而上学的自然主义视角下考察了他的爱的概念。对休谟而言，根本就不存在一个通常所谓的先验的、实体意义上的“我”(ego)，这个“我”也不能成为关于爱的哲学叙事的出发点，因此，对爱进行考察的基本方式不再是以往普遍使用的形而上的思辨。休谟也不再寻求为爱下一个精确的定义，而是以一种历史性的考察和实验来对爱（甚至是一切情感）进行描述性的分析。与此同时，作为一种特殊的知觉和情感，爱被休谟完全世俗化，以往所谓的神圣之爱或上帝之爱已经几乎不再被提及，而真正对我们理解爱发挥关键作用的是人性的一般结构以及对爱进行诠释时所使用的核心范畴，即普遍同情心。这些都使休谟与前一个世纪的哲学家有了鲜明的差异。

鲍罗斯教授多年来一直以近代早期的欧洲哲学作为自己的研究领域，尤其是这个时期的伦理学和情感理论更是他的研究重点。虽然——如上文所言——爱在整个近代哲学的变革历程中占据了十分显著的地位，但是相对于实体、观念、权利等概念而言，研究者们对于近代早期哲学语境中的爱的概念却关注不够。有鉴于此，作者力求向我们揭示爱在这个特殊时段的独特意义，尤其要展现近代哲学家们所秉持的爱的概念与他们特有的形而上学构想之间的内在联系，作者甚至想在此基础上构建出一种爱的哲学，从而为我们理解近代哲学提供一条不同的进路。

由于译者水平有限，文中不当之处，还请读者指正。

吴树博

2017 年 9 月于美国西雅图

第一讲　伊壁鸠鲁式的爱的概念与经院哲学中爱的概念：一种比较研究

一、卢克莱修《物性论》中爱的概念

提图斯·卢克莱修·卡鲁斯（Titus Lucretius Carus）是一个诗人，同时也是一位伊壁鸠鲁派哲学家。他生活于公元前90年代至公元前50年代这一古罗马共和国历史上的关键时期。有关他的生平事迹，最富影响的报道出自于早期基督教会的一些重要人物。这些人告诉读者，卢克莱修因服用催情毒药而神志不清，并在44岁时自杀。而西塞罗、维吉尔、奥维德这些拉丁散文和诗歌的杰出大师却盛赞他才华出众，并集敏锐的哲学心智与极为娴熟的诗艺于一身。他出色的哲学叙事诗《物性论》(*De rerum natura*)，乃是依据伊壁鸠鲁的原子论哲学对宇宙体系所做的唯一现存的阐释——这种原子论哲学在早期现代欧洲以令人难以置信的方式重新流行起来。在《物性论》的文本于1417年在佛罗伦萨被重新发现以后，它成为有关伊壁鸠鲁主义学说的主要参考文献。费奇诺、蒙田、伽桑狄、霍布斯以及其他人不仅阅读了这部诗篇，而且进一步发展出各种各样的论题。

然而，尽管卢克莱修的诸多观念产生了重大影响，可是他的诗篇在某种意义上总被视为自相矛盾的。因为，据说同柏拉图在《理想国》中的看法一样，伊壁鸠鲁对诗歌也深具敌意。而且抛开对诗歌的个人态度不谈，伊壁鸠鲁哲学实际上致力于对整个宇宙进行毫不妥协的科学解释。乍看起来，它似乎并不支持诗歌的手法，因为诗歌或一般的文学总是倾向于把科学世界观（再）拟人化，但科学世界观却总是或多或少地尽力消除拟人化做法。换言之，为“去魅的”世界（重新）赋予人性的诸多可能手段之一通常是建立起神话式的关联，而这些关联或是旧的或是新的，或是私人的或是一个共同体中所有成员共同分享的。在让苏格拉底对他的对话伙伴斐德罗所提出的恼人问题（*Grätchenfrage*）做出狡猾的回答时，柏拉图暗示了诗歌—神话式的解释与科学解释之间的模糊关系。这则对话发生在雅典的伊利苏斯河畔。

斐：苏格拉底啊，我想知道，这里是否就是传说中波瑞阿斯从伊利苏斯河岸抢走俄瑞提亚的那个地点？

苏：传说是如此。

斐：就是这个地点吗？这条涓涓溪流多么清澈明亮；我能想象少女们如何在附近嬉戏。

苏：但我认为确切地点并非在这里，而是还要向下走四分之一里的路程。在那儿，你可以渡河去往阿尔忒弥斯神庙，而且我认为那儿还有一座波瑞阿斯的祭坛。

斐：我倒是从未注意到；但是，苏格拉底，我恳求你告诉我，你相信这个传说吗？

苏：智者多疑，所以，如果我像他们一样怀疑，也并非什么稀罕事儿。或许，我可以给出一个合理的解释：当俄瑞提亚和法玛西娅游玩时，一股北风把她刮到邻近的岩石上，她就这样死了，但人们却说她被波瑞阿斯掳走了。可是，就具体地点，人们多有分歧。依照另一个故事版本，她不是从这里而是从阿瑞俄帕格斯山被掳走的。尽管我乐意承认这些寓言都十分优美，但创制这些寓言的人却并不值得羡慕；他需要付出多大的辛劳和才智啊；而且一旦他开了头，就会没完没了，马身人面兽要解释，喷火兽也要解释。蛇发女妖、飞马以及其他无以计数的

> 奇形怪状的东西都会目不暇接地浮现。若是有人对它们心存疑虑，想把它们一个接一个地归结于可能的规则，那么这种粗陋的哲学要耗费多少时间啊。可是，我却没有闲功夫做这种探究；我可以告诉你缘由。因为我必须——如德尔菲神庙的铭文所言——认识我自己；在我仍然对自己一无所知之时，就对那些与我不相干的东西充满好奇，这是荒谬可笑的。因此，我把这些东西都搁在一边儿，寻常的见解对我来说已经足够。因为——正如我所言——我想要知晓的不是这些，而是我自己：我到底是一个比提丰巨蛇更复杂更暴虐的怪物，还是一个更为优雅单纯的造物，自然为之赋予了较为神圣但又较为低微的命运？〔1〕

我之所以大量援引这个段落，主要是因为卢克莱修诗篇的主要任务恰恰被柏拉图笔下的苏格拉底视为荒谬。以哲学的术语来说，卢克莱修认为，苏格拉底的回答所依赖的主要预设是站不住脚的。这个预设就是，或者我们以科学的方式经验世界，把神话世界的丰富想象还原为借经验

〔1〕 柏拉图：《斐德罗篇》229b—230a，译文参照《柏拉图文艺对话集》，朱光潜译，北京：人民文学出版社 1963 年版，第 93—95 页。

和理性方式可观察到的物理现象，或者我们把心灵的目光瞄准我们内在的世界以便发现我们作为个体之人究竟是什么——若是这样，我们就最好利用各式各样的神话。而卢克莱修的观点是，只有唯一一种途径才能理解我们自己以及我们在人类社会中的地位，那就是以科学方式来理解整个自然——从最微不足道的建筑材料到最复杂的社会。在接下来的段落中，他谈到，不仅后世所谓的“第二性的质”可以被归结为某些基本性质（亦即后世所谓的“第一性的质”），而且即便是我们为了发现自己是不是“一个比提丰巨蛇更复杂更暴虐的怪物”（也就是为了发现关于我们自己的道德真理）而利用的历史知识和道德品质都可以被归结为这些基本的性质。

所以除了虚空和物体以外，
在一切事物中找不到第三种自然，
这第三者任何时候
都不出现在我们的感觉范围中，
也不被任何人由心智推理所把握。
无论你为造物赋予任何名称，
你将发现它们或者是前两者的特性，
或者是两者所产生的偶性。

特性完全不能与事物分离
否则必造成其摧毁性的解体，例如：
重量之于石头，热之于火，
流动性之于水，
可触性之于有形体的东西，
不可触性之于看不见的虚空。
但奴役、贫穷、富裕、
自由、战争、和谐，
以及其他一切时来时去，
但却无法导致自然改变的东西，
我们习惯上正确地称之为偶性。
甚至时间也非独立自存，
而是感觉从事物中读出
什么是很久以前发生的，
什么是现在存在的，
什么又是将来会发生的：
我们必须承认，
离开了事物自身的动与静，
无人能够感觉到时间本身。[1]

---

〔1〕 卢克莱修：《物性论》第一卷第438—457行，引文参照方书春的中译本（《物性论》，商务印书馆1981年版），第24—25页。

在以神话—逻辑的方式得到构型的心灵中，住居于个人道德性的自我理解空间里的存在者乃是诸神或半神。传统的神话故事告诉我们，诸神和生活在物质世界中的人相互需要。若无诸神持续地控制和统治物质自然，人就不能过有意义的生活；反过来，诸神则期望人类能以感激和奉献为神所爱之物来作为报偿。就这种传统概念，卢克莱修恰恰基于他的还原主义观点说出了我们期待他说的东西：

但有些人不认识物质，就反对这意见，
而认为如果没有神灵的干预，
自然就不能这么符合人类需要
使一年之中有四季的变化；
不能产生谷物以及其他一切，
那神圣的欢乐，生命的引导者
引诱人去接近的那些东西。
她给人们做带路的向导，
目的在于通过她的爱的狡猾勾引，
让人类永远繁殖出新的世代以免灭种。
当人们设想神为人类才创造万物之时，
他们在一切方面似乎都远远违背了真理；

因为即便我从未认识事物最初的始基是什么，
但根据天的运转和别的许多事实，
我也会敢于断定这一点；
万物绝不是神力为我们而创造的，
它充满着如此之多的缺点。[1]

而就诸神与人之间颠倒的关系，卢克莱修的观点也足够清晰：

因为一切神灵必定是本身就享受着
不朽的长寿和最完满的和平，
远离我们的事务，泰然与世无争，
不遭受危险，不遭受痛苦，
自身就具有无数的财富，
既不需要我们，它们就不会被触怒，
人们也不能以奉侍和礼品取得其欢心，
说实话，大地在一切时候都并无感觉；
只是由于获得许多东西的种子
她就以许多方式把许多东西

〔1〕卢克莱修：《物性论》，第二卷第167—181行，中译本第71—72页。

带到阳光里。而在这方面
谁决意称大洋为内普顿，
或者把五谷称为斯里丝，
并且宁愿用巴库斯的称号
而不直说烈酒本身的名称，
对于这种人，让我们准许他
继续称大地为神灵的母亲，
只要他不用恶臭的宗教
把自己的灵魂玷污。〔1〕

这实际上就是卢克莱修对苏格拉底的含蓄回答，亦即他最好还是放弃以神圣神话的名称来为自然力量命名。因为即便这种实践或许有助于为他留出闲暇时间，可是，如果他的追随者不愿避开“以污秽的宗教玷污灵魂”，那么他们就会强迫人们做出野蛮的行为，而伊菲革涅亚的牺牲在卢克莱修看来就是此类行为的范例。

我恐怕你也许以为我们
正在走上一条不虔敬的道路，

〔1〕 卢克莱修:《物性论》第二卷第645—656行，中译本第99页。

前往罪恶思想的国度，
但正是宗教更常地孵育了
人们罪恶的亵渎行为：
有一次，在奥里斯，那些公推的首领，
英雄中的英雄，达拿亚的头目，
用血染污了歧路贞女狄安娜的圣坛，——
用被杀害的阿伽门农的女儿的血；
她感到头发上的圈带，
和那飘垂在她两颊上的带端，
她看见祭坛那边她忧容满面的父亲，
和那些把利刃藏在身后的巫师，
和所有看见她而泪痕满面的人，
她恐怖得半句话也说不出来，
她双足无力地跪下了，
即使她是国王的第一个女儿，
此时也不能救她一命。
他们把她拉起来，
把那颤栗的少女抬往祭坛——
不是伴以庄严的仪式和婚礼的咏唱，
而是一个无罪的女子被罪恶地杀害，
一个父亲在她新婚的日子把她砍倒，

把亲生女儿作为一个献祭的牺牲，
来给远征特洛伊的舰队祷求顺风；
宗教所能招致的罪恶就是这样。[1]

在对卢克莱修的观念及其诗歌的一般特征做出预先考察之后，我们现在可以谈谈他的爱的概念。正是在这里，卢克莱修作品的自相矛盾的品性再次浮现出来。他曾多次把大地称为母亲——即便不是诸神之母，至少也是自然之中一切存在物之母。而既然母亲出现了，那么我们会期待着至少可以发现慈母之爱和夫妻之爱，而且我们更有权利期待一位被呼求的神或女神的出现，因为该叙事诗的文类使之成为必然。因此，即便我们被告知，根本不需要诸神或任何“神圣的喜乐”，人类就能发明精巧的爱的花言巧语并以自然的方式传宗接代，可是，卢克莱修在诗篇开头依然向爱神维纳斯呼求。实际上，如果仔细阅读他的文本，我们就会发现，从一开始，爱就在他的诗意—哲学体系的每个层面发挥着关键作用。

首先，我们来看看这个诗篇的序诗。在此，我们发现，卢克莱修对传统上赋予维纳斯的作用进行了重新界定。他

〔1〕 卢克莱修:《物性论》第一卷第 74—95 行，中译本第 6—7 页。

将其解释为丰饶和多产的女神，而不是掌管广义上的“浪漫之爱”的神灵。卢克莱修的文本集中关注的是子嗣，而不是欲望及其满足。简言之，维纳斯是母亲，而不是情人。首先，她是“罗马的母亲”，这是一个传统的名称，因为维纳斯在传统上与罗马的建城英雄埃涅阿斯联系在一起。然而，这也只是序诗，因为在间隔数行之后，维纳斯紧接着就变得远远超出一个特殊民族之母的地位：她变成了宇宙中一切生成之物的来源：

> 维纳斯，生命的给予者，
> 在悄然运行的群星底下，
> 你使生命充满航道纵横的海洋，
> 和果实累累的土地——
> 因为一切生物只由于你才不断地被孕育，
> 只由于你才生出来看见这片阳光——
> 在你面前，女神啊，在你出现的时候，
> 狂暴的风和巨大的云块逃奔了，
> 为了你，巧妙多计的大地长出香花，
> 为了你，平静的海面微笑着，
> 而宁静的天宇也为你发出灿烂的光彩。
> 因为当春天的容貌刚一浮现，

而养育万物的风也从西方无阻地吹来，
天空的第一群飞鸟，为你所迷，
就歌唱你的到来，啊，女神，
牲畜变野了，就在快乐的田野奔跳，
或者泅过满满的湍流。
骤然为魅力所驱，
所有的生命都跟随着你，
走向任何你带头前往的地方，
这样，遍历洋海、群山和急流，
遍历禽鸟的巢林和绿色的原野，
在每个胸中燃烧起爱的引诱，
你不断带来无数世代的生物，各如其类。〔1〕

这就好像卢克莱修分明没有拒绝把人类的繁殖设想为由诸神和女神所引导的过程。我们不仅就自然中由神所控制的孕育过程获得了多幅色彩浓烈的图画，而且对女神维纳斯和战神马斯，我们获得了令人吃惊的人性化形象：这两位神明组成了一个幸福的家庭，这位聪慧的女神被认为以温柔而不引起注意的方式、用她优美的身体对她强壮的

〔1〕 卢克莱修:《物性论》第一卷第2—20行，中译本第1—2页。

丈夫实施隐秘的控制。

诗人对维纳斯说道：

因为只有你才能够
给予安静的和平来帮助人类，
因为那指挥着战争的野蛮行为者，
那有力的战神，他常常
把他强壮的身体投进你的怀抱，
为爱情的永恒创伤所征服，——
在你怀里，翘起头来张开嘴
用他的眼睛注视着你，
他贪婪的眼光啮食着爱情，
他的气息贴住你的双唇。
当他这样躺着时，我的女神，
用你神圣的身体从四周从上面把他拥抱，
从你两唇倾吐出柔和的声音，
来为罗马人争取和平！光辉的女神！〔1〕

其实，我认为这些似乎相互矛盾的原则可以得到调

〔1〕 卢克莱修：《物性论》第一卷第30—40行，中译本第3页。

和。毕竟,《物性论》决不单纯是一篇以连贯和真理为诉求的哲学论文，它同样是一篇卓越的文学作品，因此它的基本主张就会与一篇哲学或科学的论文稍有不同。此外，在我们这个以开放的艺术作品这种范式性观念为主要特征的时代，正是作品自身决定着它被期待着具有何种创作原则，可是当我们根据极为强力的标准来评判哲学诗歌时，我们必须谨慎。依我之见，除了对真理的哲学诉求,《物性论》也提出了文学上的主张，亦即它要在展现某种创作原则的基础上成为一篇在创作上封闭的艺术作品，而这条创作原则统辖了这篇作品从头到尾的全部发展过程。我认为，我们在卢克莱修那里可以发现两条这样的原则，其中一个原则显然是爱，它是该诗第一部分的主要创作原则，在第二部分里也没有消失。回顾一下本文开头，我认为，诉求于爱恰是一种使那种被纯粹科学解释去魅的宇宙重新人格化的艺术手段。而这一方面意味着，卢克莱修使那些无生命的物体——原子、最初的元素、地和天——显得似乎服从于情感，特别是服从于爱。这种弥漫于万有之中的爱，既意指着极为不同的性交形式或方面，也意指着由它们而产生的各种各样的后代。让我们援引一些实例。

在卢克莱修那里，最为重要的哲学—科学论题之一就是，有感觉的存在者起源于无感觉的存在者。他首先使一个未经拟人化并依然处于粗糙状态中的论题呈现在读者面前：

> 凡我们所见具有感觉的，
> 必须承认都是由无感觉的元素所构成。
> 那些对一切人都很清楚
> 并且随时可以看见的现象，
> 既不驳斥也不反对这个说法，
> 而毋宁是自己拉着手带领我们，
> 迫使我们相信：正如我们上面所说的，
> 生物乃是由无感觉的元素生成。
> 真的，我们能够看见在淫雨之后，
> 当湿透的大地在腐化的时候，
> 活生生的虫蛆从发臭的粪堆出现；
> 一切也都以同样的方式变化着。〔1〕

但是，他随后却重新开始，以明显与性相关的术语代替了准科学的术语：

---

〔1〕 卢克莱修：《物性论》第二卷第 863—871 行，中译本第 111 页。

其次，是什么触动你的心灵，
迫使它提出一些犹疑的感觉，
使你不相信能感觉的东西
是从无感觉的粒子产生出来的？
诚然，水土木虽然被混合在一起，
也仍不能产生出有生命的感觉。
因此在这方面，必须记住这一点：
我并没有说过在一切条件之下，
从所有能造成有感觉者的东西，
感觉绝对能够被产生出来；
这里，极要紧的是：第一，
那些构成能感觉的东西的始基
其细小的程度如何？其次，有什么形状？
最后，它们是在什么样的姿态中？
它们有着什么样的运动和排列？
这些情况之中没有一件
是我们能在木块、土块中看得出来的，
但正是这些东西当被雨水浸湿的时候
就长出许多小虫；因为原初物体
受新因素的骚扰而改变其原来的排列，

就以一定的方式重新结合，
这些方式能产生出有生命的东西。[1]

可见无疑地一切感觉都能够
从没有感觉的东西产生出来。
但如果有人说感觉是能够
借变质而从无感觉的东西产生，
或者因为某种诞生而被带来，
那么只需向他清楚指出这点就够了：
除非先有元素的某种形式的结合，
就不会有什么所谓诞生；
除非它们被结合，也不会有变化。
第一，在它的生物本性产生之前，
一个物体中不能有感觉存在。[2]

这个科学论题以拟人的方式得到重新表述，而它所引发的结论显然可以追溯到天父地母的隐喻：

---

〔1〕 卢克莱修：《物性论》第二卷第883—896行，中译本第112—113页。

〔2〕 卢克莱修：《物性论》第二卷第927—935行，中译本第115页。

我们都是由天的种子而来，
万物共有同一个父亲，
而那养育万物的大地母亲，
当她从他取得湿润的雨滴之时，
就孕育出它的雏类——
闪亮的谷实，快乐的灌木和树林，
并生育出人类和野兽的所有世代，
同时她对它们全体供给食物，
饲养它们自己的身体，
来过一种愉快的生活，
并延续它们的种族；
因此，她正当地赢得了母亲的称号。[1]

另一个更为显著的例子是卢克莱修在谈论原子的持续运动这一典型的伊壁鸠鲁式的存在方式时提出的。由于这种持续的运动，原子不停地相互碰撞，并形成诸多的统一体，后者或者被证明是维持一段时间的、稳定的统一存在者，或者这种结合因分解而戛然而止。卢克莱修以令人惊骇的方式把这种枯燥的哲学理论再次转化到一种超现实主

〔1〕卢克莱修：《物性论》第二卷第988—995行，中译本第118—119页。

义的拟人化场景之中：原子统一体的构造和破坏似乎分别对应于胎儿的顺产和流产。

那些引起死亡的运动也不能永远胜利，
或者把世界的生命永远埋葬；
但那些使万物产生和长大的运动
也不能把创造了的东西永远保住。
这样，这从亘古开始的长期战争
是以相等的战斗力在所有始基之间
继续地进行着。时而这里，时而那里，
世界的生产力量胜利了，——或失败了。
混杂在葬仪之中的是那刚刚
到达这光之岸的初生婴儿的哭声：
没有一个黑夜跟着白天，
没有一个黎明跟着黑夜，
而不在新生婴儿的哭声中间
听到那失常的哀泣，
那死亡和黑色仪式的老伴。[1]

---

〔1〕 卢克莱修：《物性论》第二卷第569—580行，中译本第94页。

而在这些诗行之间，我们可以发现卢克莱修除了爱之外的另一个创作原则，即死亡：《物性论》以处在拟人化女神自身之中的爱和丰饶的生产力作为开篇，却以对疫疠引发之死亡的显著有力的描述结束。但是，既然我们的主题是爱而非死亡，那么还是让我再指出一些段落，从中我们可以看出，诸原子或原初要素（亦即那些由少量原子所构成的最初的物体）进行着真实的性行为，此后卢克莱修才描绘动物和人的性欲及其在社会形成过程中所发挥的作用。

首先我们从一个对特殊要素之特性进行描画的较长段落中做一简短的摘引，卢克莱修在此开始谈论触觉：

因为触觉——借神灵的圣感！——
的确是身体唯一的感觉：
不论是当有些东西从外面进入体内，
或有些身体所生的东西在使我们痛苦；
或使我们快乐，当它在维纳斯的
创造的活动中从体内走出体外的时候；[1]
[tactus enim, tactus, pro divum numina sancta,

[1] 卢克莱修：《物性论》第二卷第434—437行，中译本第85—86页。

corporis est sensus，vel cum ers extera sese
insinuat，vel cum laedit quae in corpore natast
aut iuvat egrediens genitalis per Veneris res.]

而且，卢克莱修知道如何把他的朋友明米佑引诱到对原子运动做枯燥艰苦的、去拟人化的科学研究之上：

来吧，现在我将为你逐步解答：
产生世界万物的物体借什么运动
把这个多样的世界产生出来，
而当已产生之后又总是把它拆散；
它们受什么力量的约束而这样做，
以及什么样的速度被赋予给了它们，
用这样的速度在辽阔的虚空中运动：[1]
[Nunc age，quo motu genitalia materiai
corpora res varias gignant genitasque resolvant
et qua vi facere id cogantur ...]

卢克莱修似乎想要例示一下，他在撰写一篇伊壁鸠鲁主义

[1] 卢克莱修：《物性论》第二卷第62—65行，中译本第64页。

的诗歌（尽管伊壁鸠鲁本人对诗艺持有敌意）时决定遵循的道路。他的理由如下：

而是正如医生企图把讨厌的苦艾
拿给小孩子去吃的时候，
就先在杯口四周涂满了
甜汁和黄色的蜜糖，
使年轻而无思虑的孩童之嘴受了骗，
同时就吞下苦艾的苦汁，这样
孩子虽然被逗弄，却不是全然受欺害，
反而因此恢复健康并重新长得强壮；
由于我的论说对从未尝过它的人
看来一般地是有些太苦严，
大家总是厌恶地避开它，
所以现在我也愿望用歌声
来把我的哲学向你阐述，
用女神柔和的语声，
正好像是把它涂上诗的蜜汁，——
如果用这个方法我幸而能够
把你的心神留住在我的诗句上，
直至你看透了万物的本性，

以及那交织成的结构是怎么样。[1]

或许，我们现在就清楚了，爱的创作原则是如何被一贯地应用到《物性论》之中，至少就处在人类之下的那个领域中的运动而言，就是如此。然而，更为有趣的是，处在人类层面的运动植根于处在人以下之层面的基本观念中，而且为新的考虑所丰富。

首先，如果一个读者出身于柏拉图的《会饮篇》传统，并且把爱（Eros）视为神圣之物（就像前苏格拉底的发言者赞美它那样）或至少处在神与人之间东西（像蒂欧提玛教导苏格拉底那样），那么他就会惊讶于卢克莱修会把爱描绘为一种以强有力的幻觉为基础的情感。他利用了一个有趣的梦的论证：正值青春期的男子，其最初的爱之迹象似乎跟人和动物的梦中幻觉处在相同层次，此时，他们都看到自己在清醒状态中所赞赏之行为的欺骗性影像，而且他们都以特有的（然而却是完全被欺骗的）方式做出回应。

一个人全神贯注去从事的工作，

或我们曾经为之花费许多时间、

〔1〕卢克莱修:《物性论》第一卷第930—944行，中译本第50—51页。

心灵曾更为集中于其上的事物，
在睡眠中我们就时常好像也在经之营之，
律师觉得好像在法庭上发言和引用法令，
司令官好像自己正在作战和置身战场，
水手们好像在和风暴做斗争，
而我们自己好像在创作这本书，
好像总是在探求宇宙的本性，
并且一经发现就用我国的文字
把它写下来。这样，一切事业
和一切技艺，在睡眠中一般地
好像都在嘲弄和控制人们的心灵。[1]

可是，这并非人类所独有：当我们把注意力转向动物时，情况也是如此：

在温柔睡眠中的猎人的猎犬，
却常常突然四肢前后踢动，大吠大叫，
并且用它们的鼻孔把空气嗅了又嗅，
好像它们已经真的找到了野兽的

---

〔1〕卢克莱修:《物性论》第四卷第943—954行，中译本第242—243页。

带气味的足迹，正在追踪追赶，
并且即使已经醒来，它们仍然
常常追逐这麋鹿的虚幻肖像，
仿佛它们真地看见麋鹿在前面奔逃，
直至它们把幻觉抛开，恢复清醒。〔1〕

可是，就爱在青年男子——他们代表着全人类——身上的最初症候的出现，卢克莱修却未给予其他解释，因为爱的出现——就字面意义来说——被包含在对梦中幻觉的自我反映式的叙述中了。

天真的儿童
睡得香甜的时候，常常以为自己
是站在木桶或公共尿壶旁边，翻开衣服
就把全身滤出来的水哗啦啦地放出来，
把色泽鲜艳的巴比伦毛毡子完全弄湿。
此外，那些男子，当成熟的年龄
在他们的肢体中所产生的种子
现在首次进入了他们生命的

〔1〕 卢克莱修：《物性论》第四卷第972—983行，中译本第244页。

波涛汹涌的海峡里面时，
在他们的梦中他们就遇见了
从外面来的某人形体的肖像——
那些美貌动人的艳色使者，
这些形象就刺激了那现在已经
充满着精子的耸起的部位；
这样，仿佛全部动作已经如实举行，
他们就泻出一阵液体的凶猛波涛，
而把自己的衣服弄污。[1]

正如我们所见以及前面所言，“种子”（semina）这个表达式既被用于说明原子参与生产行为的过程，也被用来述说人，这就肯定了卢克莱修对爱所持有的令人失望的道德观念。爱既不是一个可以被置于诸神周围的现象（如《会饮篇》中的“前苏格拉底的”谈话者所展示的那样），也不是一个处在神界与人界之间的现象（像苏格拉底口中的蒂欧提玛所教导的那样），而是处在为人和动物共同分享的诸特征中间。这种在构想爱的方式上的范式转变可以被视作伊壁鸠鲁主义对人类灵魂的有朽性所持信念的必然结

〔1〕 卢克莱修：《物性论》第四卷第1025—1036行，中译本第245—246页。

果——这种信念与柏拉图主义就灵魂不朽所具有的基本洞见严格对立。

随后，在一个影响深远的著名段落——可以参考莫里哀的《愤世嫉俗者》(*Misanthrone*)——中，这种以对爱的虚幻特征进行发生学分析而获得的洞见又从一种“系统性”分析获得进一步支持。实际上，这种分析乃是对一个认识论论点的诗意的阐释。根据这个论点，爱的情感会以异常危险的方式影响——其实是扭曲——我们对实在的经验。

> 因为这正是许多人常常做的，
> 当他们被情欲弄成有眼无珠时，
> 他们就把实际没有的优点归给她们。
> 因此我们看见在许多方面畸形丑陋的人，
> 却那样地为人所心爱，被估价极高；
> 人们彼此嘲笑，劝别人去恳求
> 维纳斯息怒，因为这些朋友
> 是一种低级情欲的牺牲品，——
> 这些可怜的受骗者，很少看见，
> 自己的灾祸比任何人都更坏。
> 皮肤乌黑的女孩子是“蜜样的褐色”；
> 污秽而有臭味的，是“惺忪可喜”，

眼绿如猫的，那就是“巴拉斯”的肖像，
肥胖而胸脯隆起的妇人则好像
“哺育幼年酒神时的丝利斯女神”；
塌鼻子的情人是“一个沙脱尔，
一个赛里拿斯的姊妹”；
厚嘴唇的是“道地甘甜的吻”——
要把全部数完，得花你老半天。〔1〕

然而，即便爱的特征并不是从认识论观点被研究，而是依据它们在情感理论中特有的位置并着眼于两个情人之间预想的令人满意的结合来得到探究，可是爱的特性最终还是被证明是不令人满意的，是虚幻的。

同样地在爱情上面，
维纳斯也用肖像愚弄情人们。他们既不能借着
用眼睛看所爱的肉体来满足自己的肉体，
也不能用他们的手从柔软的腿臂
撕取什么东西，当它们无目的地
在她整个身体上摸来摸去的时候。

〔1〕 卢克莱修:《物性论》第四卷第1129—1146行，中译本第253—254页。

最后，当他们互相搂抱着
享受着青春年华的果实，
当现在他们的肉体甜蜜地预感到
即将到来的强烈的快乐，而爱情
即将在女体的田地播下种子的时候，
他们就贪馋地搂抱，口涎混着口涎，
彼此喘着气，牙齿压紧对方的口唇——
但是这一切都毫无用处，
既然他们不能从那里撕取什么东西，
也不能使自己全身都渗入对方的肉体——
因为有时他们使劲想做的好像就是这个；
他们如此饥饿地在爱的锁链中互相搂抱
同时他们的肢体在溶化着，
为强烈的快感所征服。最后
当那在体肌中所积集的欲火已耗尽，
在那狂暴的热浪中
就到来一个短暂的停顿——
但不久同样的疯狂就回来，
那原来的急暴又攫住他们，
他们又再一次找寻着渴望着
去获取那他们不知是什么的东西，

完全无能为力去找到
那征服这恶疾的手段。
在这样无目的的状态中，
他们就因那不可见的创伤而憔悴。〔1〕

依卢克莱修之见，全部这些令人失望的特征甚至描绘了“繁盛而真实的爱”，可是他认为那种本身就令人失望的、“受到挫折的和无助的爱”要远比前一种爱为多。在后面这种爱之中，人们确实需要非常特殊的建议，以便至少能够达到性体内平衡一类的东西。但是，我不再继续在这个方向上追随卢克莱修。

尽管有所有这些虚幻的画面，可是我们在《物性论》中发现，这首诗作为一个整体并不必然对人类世界持一种毫无希望的态度。因为，在卢克莱修解释粗鲁的原始人如何使他们的行为方式人性化并建立起社会时，爱发挥了重要作用。而卢克莱修的故事的这个部分在今天看来也非常有趣，因为有些哲学家甚至认为托马斯·霍布斯的社会契约理论在卢克莱修的观念里有其根源。

卢克莱修明显地区分了两种人类状态：第一种是狂暴

〔1〕 卢克莱修：《物性论》第四卷第1077—1096行，中译本第250—251页。

粗野的人，在（实质上不存在的）共同体和性行为方式上都以利己主义的侵犯性作为其特征。就这种原始的利己主义的生活方式而言：

[……] 人们还过着
一种像野兽那样到处漫游的生活。
[……]
凡是阳光和雨水
所给他们的，大地当时自动地
创造出来的，已经是足够的礼物
来使他们的心快乐。
[……]
他们当时还不懂得用火御寒，
也不懂得利用毛皮，不懂得
用猎得的兽皮来遮蔽身体；
他们缩做一团躲在树林和山洞里，
把他们污秽的身体在树丛间藏起来，
当他们被迫必须逃开风的鞭挞
和大雨的袭击。他们也不懂得
采用任何共同的习惯或法律；
运气给谁送来了什么礼物，

谁就自己把它拿走，因为每个人
都被教训只为自己去自立生活和奋斗。[1]

而他们的行为也类似于他们的这种粗野状态，就此我们可以读到：

那时，维纳斯会在树林间
把情人们的身体结合起来；
因为一个人女人或者由于共同的欲焰，
或者由男人的暴力和不顾一切的欲求，
或者因为一点利诱——像橡实、好梨子、
或杨梅的野生莓子——而听人摆布。[2]

随后一个重要的概念开始涌现，在此，社会的诞生被解释为由父母及其子女之间温柔的爱所引发的良好结果，而这种情感逐步成功地影响了生活在周围的其他人，就如同情绪感染一样。

此后，当他们获得了茅舍、皮毛和火，

〔1〕 卢克莱修：《物性论》第五卷第919—949行，中译本第320—322页。
〔2〕 卢克莱修：《物性论》第五卷第949—953行，中译本第322页。

当一个人女人和一个男人结合之后
就和他一起住进一个地方，
[而婚姻的法则]
已被认识；当他们看见他们自己
生出一个孩子，这时候，人们就
开始变温和。因为正是在这时候，
火的利用使他们瑟索的身体变得
再也不是那么能忍受露天的寒冷；
维纳斯也消耗了他们身体的精力；
孩子们又以讨人喜爱的样子摧毁了
父母的高傲性情；也是在那时候
邻居们开始结成朋友，大家全都
愿意不再损害别人也不受人损害；
并且代孩子和妇人们向人求情，
他们吃吃地用叫声和手势指出：
对于弱者大家都应该有恻隐之心。
当然当时完全的和谐还不能得到，
但是很大一部分人都遵守信约，——
要不然，人类早就该已经完全灭绝，
生育也应该不能使人类延续到现在。[1]

〔1〕 卢克莱修:《物性论》第五卷第997—1014行，中译本第325—326页。

就这个段落的政治层面而言，我认为最好给予非霍布斯式的解读，而不是相反。霍布斯的出发点是孤立的个人，后者没有任何自然的冲动要去建立或加入一个既定的共同体。他所说的人不是一种社会的动物，他所提出的解决方案是一种强有力的情感，即对死亡的恐惧，正是这种情感迫使这种非社会的动物接受理性的准则，以其作为社会生活的基础。这就是他所说的契约。他的理论通常被解释为与进化论观点正相对立。在进化论的观点中，某些不那么强烈的情感受到强调，这些情感——如愤慨——会逐步将人引向共同生活的状态，却又不使他们与原初的本性相决裂。斯宾诺莎在《政治论》中所持有的大概就是这种观点。

在我看来，卢克莱修的这段文字可以按照为第二种观点（即一种关于发展中之社会的进化论理论）辩护的方式来解读。对他而言，在强烈程度上弱于死亡恐惧的那种情感似乎恰是在逻辑上逐个建立各种形式之共同体和社会的温和情感：首先是母与子（《物性论》第二卷第 347—370 行已经在动物的层面上给出了一些预见），然后是由母亲、父亲和（多个）孩子所组成的整个家庭的三位一体，最后是由生活在邻近区域的人组成的小型社会组织——尽管不是那么紧密。

至于《物性论》中作为性欲的爱所具有的真正哲学地位，我认为，主要就是存在物——从原子直到人——所具有的以任何可能之方式相结合的一般倾向。配对或更高级别的结合将会部分地在成功的和稳定的复杂存在物中出现，部分地在失败的和暂时的复杂存在物中出现，而这幅完整的哲学图画应当被视为目的论宇宙观的一个强有力的替代物——在这种目的论的宇宙观中，一切都是由明智的诸神或唯一全知全能的上帝预先决定的。

实在而言，
事物的始基既不是按计谋建立自己，
不是由于什么心灵的聪明作为
而各各落在自己适当的地位上；
它们也不是订立契约规定各应如何运动；
而是因为许多事物的始基；
以多种方式，自无限的远古以来
就被撞击所骚扰，并且由于自己的重量
而运动着，经常不断地被带动飘荡，
以一切的方式互相偶集在一起，
并且尝试过由于它们的互相结合
而能够创造出来每一样东西；

正是由于这样，所以，既然它们
在亿万年的长时间里面远远地
广泛地分布开着，同时尝试着
各种各样的结合和各种各样的运动，
终于其中某些始基彼此相遇了，
这些始基当突然被抛掷在一起的时候，
常常形成了巨大事物的开端，
天地海洋和生物的种族的开端。[1]

或许，我们可以跟随黑格尔的脚步认为，下面这种倾向乃是一种“历史的狡计”，即在这种物理主义的世界观取得统治地位之前，最强有力的神学—目的论的世界观版本首先以教父和经院基督教的形式成为统治性的观念。

二、作为爱之次序（ordo amoris）的基督教的爱的概念以及安德雷亚斯·卡佩拉努斯对它的使用

在卢克莱修《物性论》问世后的三个世纪时间里，在

〔1〕 卢克莱修:《物性论》第五卷第409—421行，中译本第286—287页。

欧洲思想的基础之中发生了一些异乎寻常的变化。在希腊罗马混合式多神论宗教时代过后的那个时期，理论上有两种主要的可能方向可以实现。首先可能会出现一种完全世俗化的思维方式：在此思想方式下，宗教的地位可能被弱化为单纯的装饰品。可是最终得到实现的却是另一个方向；在卢克莱修的诗歌例证了古代宗教的空虚之后，一种建立在完全不同基础之上并且强烈地统治着人类整个生活的宗教开始出现并占据了支配性地位。犹太教和基督教体现了后一种可能性。在这两种宗教的基础文本中都有相当多的段落显示出爱的概念具有重要意义。在犹太教的圣经——旧约——里，我们可以看到《雅歌》(或《所罗门之歌》)，这部作品在是原初的世俗情歌的基础上结辑而成，它在一种神秘的解释中以婚姻的隐喻展现了上帝与他的选民之间的约定。先知何西阿在《何西阿书》中进一步发展了这种婚姻的类比，其中，他把不忠、通奸的形象和概念应用到上帝与他的子民之间的关系上，以便许诺约定最终会得到更新。然而，这并不意味着信徒与他的神之间的基本关系就是爱。这种关系的情感内容更多建立在作为智慧之开端的恐惧之上："敬畏耶和华是智慧的开端"(《诗篇》111：10)。

同时，《旧约》和《新约》都一致认为，爱的诫命乃是一切宗教命令的概括，而它在基督教文化中的基础则是对上帝与世界之间关系的全新理解。上帝把爱无偿地给予了人——耶稣基督，上帝的独生子被钉十字架而死应当被理解为这种爱的证明——，而这种无偿之爱的概念所带来的诸多后果之一就是，从先知开始，爱成为一个命令。它不是一般的爱，而是对其他所有人的爱（更为重要的是，也包括了对敌人的爱），而爱上帝被视为整个世界历史的隐秘目标。

在上帝与人之间这种不对称的爱的关系迫使神学—哲学家们重新思考古代的厄洛斯（Eros）和爱的概念。这个重新思考过程的诸基本要素之一就是，在奥古斯丁思考爱的概念之时，意志概念出现在其背景之中。

之所以把意志（至少是人的意志）引入到哲学话语之中，其背后的主要意图很可能是尝试着从概念层面把握我们以多重方式在奥古斯丁《忏悔录》中发现的那种基本经验：对我们人来说，仅仅为了坏的东西而意愿坏的和邪恶的行为，这不是不可能的；我们人为了某种只能通过恶行才能获得的好东西而做出有罪的行为，这也并非不可能。可是，为了罪而犯罪这个残忍的事实完全跟对人生逐渐进步这个观念的“自然”信仰相矛盾，以至于我们需要一个新的范畴，该范畴可以承担这种绝对否定性的指责，承担人对自然进步原则的反抗甚或厌恶的指责。由此开始，人似乎就承认，他的存在方式并不是在对作为至善的上帝的忠诚服从中不断向善提升，而是有颠倒神圣秩序的可能性。意志作为一种官能被引入，它可以使从善到恶或罪的基本指向发生彻底改变：人的自由就不可移易地变为朝向善或恶的自由。

人的这种新的自我体验，这种在构想人类状况时真实的范式转变是跟下述这种转变平行发展的，后面这种转变使古代泛神论—多神论的宗教信仰转向对唯一全能之上帝（唯有他可以使堕落的人转而具有正当的自治）的基督教体验。如果上帝是全能的，那么他的活动领域首先必须处在人类灵魂的最深处，在对人类行为的自愿的管治中来寻找。意志可以被解释为一个点，上帝在此给人以推动，但并不因此取消他们对自己行为的责任。从这个观点看，“意志”和“理智”都是哲学范畴，它们被用来安排或（就意志而言）重新安排对“在世之人”这个现象的基本经验。作为官能，意志将人的无能为力固定在善之上，固定于坚定不渝地遵从理智向它指出的应当遵循的正确道路之上。作为官能，意志同时就是上帝的官能，是上帝将人推上正道的可能条件，但是这并未取消人那一部分的依赖性（至少这在后面是一个基本观念）。

我们不难看到这种意志观念和爱的概念之间的关联。出发点是蒂欧提玛向苏格拉底描述美的阶梯的谈话，借助这个阶梯，人可以把自己提升到用心灵之眼来观看善的理念。人提升自己的原初冲动可以很容易跟以善作为基本指向的厄洛斯或爱关联起来。然而，《忏悔录》的作者认为，爱不再表现一种向上的卓越倾向，而当他以此方式来重新构想爱时，他就使人的爱欲冲动贬值。爱不再是根本上积极肯定的东西，而是价值中立的。它不是可靠的指南，而是一种气流叶片，不能有效地支撑我们对生命方向的探求。就价值中立的意志与爱具有平行的地位，《忏悔录》提供了许多实例：奥古斯丁着眼于在下述两个方面之间取得均衡，其中一个方面是就那种对无价值者的爱进行描述，另一个方面是对那种由上帝所支持的、对值得爱的东西的肯定之爱进行规范性阐述。

由于人的基本状况发生了彻底转变，爱的阶梯也必须跟着转变。它的出发点不能再是那种通过爱欲冲动来提升自己的人。相反，我们必须从这样的人开始，即如果上帝不通过多重形式来传达他的无偿之爱以便提供支持性线索，他就不能抛弃自己的贫困。然而，不仅阶梯的起点发生了变化，它的终点也随之改变：终点不再是如此这般的善的理念，而是神圣的正义——顺便说一下，迟至保罗·利科去世后编辑出版的演讲文本《爱与正义》，神圣的正义与神圣的爱之间的关系长久以来始终都是一个公开争论的问题。这个阶梯应当从美的阶梯被重新命名为爱的阶梯。

这里，我不想从《忏悔录》中援引奥古斯丁就爱的阶梯提出修正概念的例子，相反，我想请人们注意他的“爱的次序”（ordo amoris）这个概念，后者可以被视为他以系统的方式就爱所提出的最重要观念，同时这个观念的接受史可以扩展到整个欧洲的爱的哲学。

依奥古斯丁之见，所有倾向基本上都毫无节制；如果我们爱有限的善，而不爱被视为我们合法之爱的唯一对象的至善，那么我们所有的爱就是无秩序的。参照“文艺复兴时期”的柏拉图主义哲学家马尔西里奥·菲奇诺，我们可以补充说，如果我们爱那些可以为我们的身体感官所把握的东西，而不爱那些唯独由心灵的目光从概念上来把握的东西，那么恰当的秩序就是缺失的。

奥古斯丁关于爱之次序的正面教导可以在他的《论基督教教义》（*De Doctrina Christiana*）第一卷中找到。这种教导不仅包含对爱的可能对象的评价性探讨，也涉及恰当的对象应当如何被爱的问题。

这种基督教的爱的教义既跟爱的对象有关，也和恰当之爱的种类有关，这种教义的绝对基础乃是下述完整版的爱的命令：

> 你要尽心、尽性、尽意，爱主你的神。这是诫命中的第一，而且是最大的。其次也相仿，就是要爱人如己。这两条诫命是律法和先知的一切道理的总纲。（《马太福音》22：37）

我们爱自己如灵魂甚或如身体，这在一定意义上乃是理所当然之事，根本不需要被命令——奥古斯丁如此论证（参考《论基督教教义》第一卷第23—26章）。由此可以推知，（1）我们有四类爱的对象，（2）它们必然按等级排列，（3）我们必须规定哪种对象须对应于哪种爱。“一共有四种被爱（diligere）的东西——第一种高于我们；第二种是我们自身；第三种与我们处在同一层次；第四种低于我们。”（第23章）第一种爱的对象是上帝，第二种是作为灵魂的我们自己，第三种是其他人，第四种是作为身体的我们自己。爱的诫命也指定了爱的方式，并以强烈的话语对之进行了描绘，即“尽心、尽性、尽意”。奥古斯丁提出，为了正确理解这一点，我们必须区分因被爱者的缘故而爱和为了他物而爱被爱者。第一种被命名为享有（frui），第二种被称作使用（uti）。爱之秩序的最基本特征就是只有上帝得以在享有的意义上——亦即因其自身之故——被爱，而从第二等级到第四等级，任何事物都是在使用的意义上被爱。使用又有两类，这取决于目标，也就是我们为了什么才使用给定的东西。换言之，如果目标是正当的，使用就是合法的；如果目标是有罪的，使用就不被允许，就是滥用。当世俗之物为了此世的目标而被使用时，这种情况就会发生。（参考第 4 章）

然而，这里的“使用”并不意味着康德意义上对我们的邻人的滥用。奥古斯丁的出发点乃是人有别于其他所有存在者的一个显著特征，奥古斯丁相信这个特征恰恰就是人能够享有上帝。在这种意义上，人必须把至福当作他的最终目的，而至福就在于享有上帝并皈依于他。正当的使用恰恰意味着，我们在走向自己最本己的规定——即享有上帝——的漫长道路上支持自己和我们的邻人。第 32 章的结束语极为清晰地表达了这一点：“我们最高的回报就是，我们应当完全享有他（*perfruamur*），而凡是享有他的人（*fruimur*）都会在他之中相互享有（perfruamur）。”

托马斯·阿奎那在他的《反异教大全》（*Summa contra gentiles*）中恰好在奥古斯丁留下这个线索的地方拾起了线头。在转向托马斯作品中的相关段落之前，我想提出一个显著的事实，即与柏拉图的美的阶梯可相类比的爱的阶梯，不仅在热情洋溢的《忏悔录》中出现，而且也在奥古斯丁有体系的作品《论基督教教义》中出现：“对于他们（亦即那些思考鲜活之上帝的人），不管呈现给他们的身体形式为何，他们都承认身体或是有生命的或是无生命的，而他们喜爱生物甚于死物；[……] 他们认为生命无论在尊严还是在价值上都无与伦比地优于由它加速并为之赋予生气的物质团块。而当他们继续探查生命之本性时，如果他们发现它只是单纯的营养生命，而毫无感知能力，就像植物的生命那样，那么他们就认为它低于有感知的生命 [……] 而在有感知的生命之上，他们又安置了理智生命，例如人的生命。在察觉到即便是理智生命也屈服于变化之时，他们被迫在其上安置了不变的生命，后者不是一时糊涂，一时聪慧，相反，它就是智慧本身。因为一个聪慧的理智——也就是达到智慧的理智——在它达到智慧之前，乃是不智的。但是智慧本身从来都不是不智的，也从来不会变成这样。如果人们未曾看到过这样的智慧，他们从来就不会满怀信心地喜爱那种不变的智慧生命，更甚于喜爱那种服从于变化的生命。如果我们想到，人们肯定不变的生命更为卓越时所依据的那条真理原则乃是不变的，上述这一点就十分明白；可是，除非超越了自己的本性，否则他们就不能发

现这条准则……”（第 8 章）

至于阿奎那，我将只讨论他的《反异教大全》这部里程碑式作品中的一小部分，也就是其中的一些章节。这部作品是他反驳异教思想家的辩论式神学著作，其中他谈到了爱，我们也可以在其中看到他追随奥古斯丁的步伐来揭示一种普遍可接受的基督教教义的倾向。第 115 章至第 135 章可以完美地为我们提供出发点，因为它们提到了人由上帝来规定的问题，这种规定作为律法被给予人（这种唯一的理性受造物）。此律法规定了人的目标：“对人类受造物而言，目的就是要依附于上帝，因为他的幸福就在于此，这在上面第 37 章已经言明。因此，神律首先将人指向这个目的，即他可以依附于上帝。”[1]

在这个段落中，依附的观念——奥古斯丁已经提到过——值得反思，同样值得思考的还有隐约出现的循环运动——实际上在奥古斯丁和所有基督教思想家那里，它也有呈现：上帝规定和创造了人，以便人在此世旅途结束之时可以回归于他。（卢克莱修将这种转化蔑视为一种有缺陷

---

〔1〕 Finis autem humanae creaturae est adhaerere Deo; in hoc enim felicitas eius consistit, ut supra (c.37) ostensum est. Ad hoc igitur principaliter lex divina hominem dirigit, ut Deo adhaereat. http://dhspriory.org/thomas/ContraGentiles3b.htm#115.

的宗教信仰）奥古斯丁在《论基督教教义》第31—32章里概述了这种循环：上帝“是第一个和最高的存在”，他是不变的，因此不需要任何东西，更不需要我们的好处，而后者恰恰来源于他。“那么，他以何种方式来爱我们呢？作为使用的对象还是作为享有的对象？如果他享有我们，那么他必然需要来自于我们的好处，可任何一个心智健全的人都不会这么说；因为我们所享有的一切好处，或是他自身，或是来源于他。任何人都不会不知道或者怀疑，光并不需要它所照亮之物的闪亮。《诗篇》曾明言，我向耶和华说，你是我的神，因为你无需我的良善。他不享有我们，而是使用我们。”（第71章）而另一方面，由他而来的存在和善之目标就是，就我们被决定着去爱他和享有他——亦即依附于他——而言，我们注定要回归于他。

依附与爱之间的这种联结在托马斯那里变得十分明确：“既然人通过爱最能依附于上帝，那么，神律的意图首先必然被规定为爱的行为。”[1] 而且，尽管托马斯以他的普遍理智主义态度而闻名，但是在这里的语境中，就爱的概念而言，他例外地接受了奥古斯丁的“意志主义”态度：“经由理智而得以现实的这种结合因那种与意志相关的结合而得

〔1〕 Quia [...] homo autem potissime adhaereat Deo per amorem, necesse est quod intentio divinae legis principaliter ordinetur ad amandum.

到完全，因为人通过其意志而以某种方式处在理智所理解的东西之中。但是意志之所以依附于某物，或是因为爱，或是因为恐惧，但是方式不同。因为，如果一个人因恐惧而依附于某物，那么他是因为他物而依附于它，例如，依附于该物，以避开威胁他的恶。但是，如果一个人因为爱而依附于一物，他是由于此物的缘故而这样做的。而因其自身之故才有价值的东西要远比因他物之故才有价值的东西重要得多。因此，在爱之中依附于上帝乃是依附于他的最好的可能方式。所以，这也就是神律的首要指向。"[1]

最后，我想请人们注意托马斯和奥古斯丁之间的一致，这种一致源于他们同样强调这个共同的最终目标以及与此目标相关的对邻人的爱，同时也根源于他们以类似的方式区分了享有和使用。"人们共同分享了一个最终目的，即幸福，这是神命令给他们的。因此人们应当通过互爱而彼此结合。"[2] 由此，我们可以参考一个表达，它再次拾起神与

---

〔1〕 Adhaesio autem quae est per intellectum，completionem recipit per eam quae est voluntatis [...]. Voluntas autem adhaeret alicui rei vel propter amorem vel propter timorem，sed differenter [...] ei vero cui adhaeret propter amorem，adhaeret propter seipsum. Quod autem est propter se，principalius est eo quod est propter aliud. Adhaesio igitur amoris ad Deum est potissimus modus ei adhaerendi.

〔2〕 Communicant autem homines in uno ultimo fine beatitudinis，ad quem divinitus ordinantur. Oportet igitur quon uniantur homines ad invicem mutua dilectione.

人之间爱的循环这个论题，同时强调了这两种爱之间不同特征：“人为上帝所爱，因为上帝预先为人们安排了一个最终目的，即享有上帝本身。[……] 既然‘人天生就是社会的动物’，因此他需要别人的帮助才能达到自己的目的。而这一点最适合于由人们之间可达成的互爱来实现。”[1] 这就是上帝使用人并在此意义上来爱人，他给他们的生活规定的任务就是在依附的意义上来爱他。而既然这个任务对所有人都是共同的，那么他们就必须在使用——亦即相互帮扶——的意义上互爱。

为了从历史方面更好地理解卡佩拉努斯的观念，我们很有必要谈谈托马斯如何对基督教中关于性爱和婚姻的观念进行规定。在托马斯那里，这种观念被明白地提出，而第 122 章的标题—— “为什么根据神法，通奸是罪，而婚姻却是自然的”[2]——对之做了清晰表述。托马斯在此只是间接地提及了上帝的命令，因为他在这部作品中使上帝被视为一个确立和遵守一般法则的存在者，几乎就像一个自然神学意义上的创造性的和支持性的存在者。因此，他的

〔1〕 Homines autem dilecti sunt a Deo, quibus suiipsius fruitionem quasi ultimum finem praedisposuit. [...] Quum homo sit naturaliter animal sociale, indiget ab aliis hominibus adiuvari ad consequendum proprium finem [...]

〔2〕 Qua ratione fornicatio simplex secundum legem divinam sit peccatum, et quod matrimonium sit naturale.

出发点就是一个一般论点，据此论点，如果每个事物都依照为它规定的目标来活动，那就是善。正是在这种思想范围内，人类种子的问题出现了（或者是在卢克莱修之后再次出现，但这次是在神学—目的论的背景之下），就个体的保存而言，它们在一定意义上是多余的，但是就物种的保存而言，它们却是必须的。作为新陈代谢的副产品，汗水的排放本身对人而言是好的，但与此不同，精液的排放只有以生儿育女（为此交合是必需的）为目标才被允许。然而，目标并非仅仅在于生育子女，而且还要使他们能够平安地生活和成长："因此，精液的排放必须得到合理安排，以便能生育后代并对之进行抚养。"〔1〕

《论爱》(*De amore*）这篇文本传统上被归于安德雷亚斯·卡佩拉努斯（Andreas Capellanus）或教士安德鲁（Andrew the Chaplain）这个几乎不知名的人物，可在中世纪文献中，它却是一篇奇文。恰恰是这个特征使它特别适于被当作对关于爱的神学—目的论观点的主要特征做出展示的文本。托马斯或但丁一类的经典作家以这种或那种方式利用了该文本。那些在 19 世纪发明并详述了"文雅之爱"这个范

〔1〕 [S]ic igitur ordinata esse seminis debet emissio, ut sequi possit et generatio conveniens, et geniti educatio.

畴的作家也受其影响。从当前的观点看，这篇文本最有趣的特色就是它的双重特性：在诸多的层面中，它在一个层面上是教导处于不同社会境况中的（年轻）人如何说服处在不同社会和婚姻地位之妇女的手册。而在其他层面上，它对第一个层面进行了反思，并且实际上在神学基础上谴责了其他做法。在这些于 1277 年遭到巴黎大主教谴责的论题中，有些论题可以被视为等同于第一个层面上的某些论题。

卡佩拉努斯的这篇论文由三个部分所构成，但是它远非一部以线性次序来展开其主题的同质性作品。其主体部分——也就是前两卷——在结构上是复调式的，其中的谈话经常相互矛盾，或者即便没有矛盾，也是分属于不同的风格层面。只有那个简短的序言和篇幅小的第三卷是用第一人称单数来撰写的，它意指着叙述者的视角。它的总体框架其实只是一种特殊手段，被用来在读者心中激发起统一文本的幻觉。最后一卷的关键段落恰恰是在谴责前述各卷的道德教导。这是一篇重要的文本，值得被大量引用：

> 我们为你而放在这本小书中的理论，如果仔细和如实地考察，似乎展现出两种不同的观点。在第一部分里，我们尽力赞同你那些纯粹是青年人的要求，但不希望在这个主题上屈服于我们的懒惰；因此，我们完整

> 地、一点一点地记下了爱的技艺，就如你热切地请求我们做的那样。现在，我们已经按照恰当的次序对之做了安排，并将它交给你。如果你想实践这个体系，那么在你仔细阅读这本小书之后，你就将在最完整的程度上获得所有肉体的快乐；但是，上帝的恩典、善良者的陪伴以及可贵之人的友谊就都理所当然地与你无缘，你会极大危害你的良好名声，也很难获得此世的荣耀。〔1〕

在这段文字中，叙述者断定，整篇文本由一种双重性的视角统一起来：他承认厄洛斯对男人和女人——尤其是年轻人——的影响力。然而他同时认为，重要的是注意到上帝和上帝的教会机构对爱和求爱之行为的谴责，以及把人的生命专注于在爱的争斗中获得更多胜利所带来的实际的不利。叙述者对瓜尔特里乌斯（Gualterius）这个年轻人的请求所说的，首先是就向女人求爱这个实践所做的描述性探讨以及一个复杂的而且有时模糊的隐秘神话传说（这个传说讨论了，当男人求爱而女人愿意或不愿接受求爱之时，在更高的象征层面会发生什么）。这跟对他在首要规划中所描述的一切进行评估这个补充性的规划并不矛盾。当

〔1〕 Andreas Capellanus：*The Art of Courtly Love* [*De amore et amoris remedio*]，New York：Columbia University Press，1960，210 sq.

然，这些基本上都不超出理论思辨的范围，因为该文本似乎是在由序言和第三卷所提供的框架之内跟读者玩一个复杂的游戏。在第一卷的开头出现的是从方法论上看似乎正确的对基本术语的定义，然后从中推出某些结论。然而，从第六章开始，这种几乎是数学风格的观念链条（不到全书的十分之一）似乎退化为一种幻觉，而整个这一章却变得出奇的长，几乎超过了全书的一半。理论上讲，这里所出现的是属于不同社会阶层的男女之间进行的一系列组合型的对话，男人在力求获得女人的爱。但是，这些结合的可能性并没有被穷尽，而且在我们通过复杂的隐喻故事来处理的特殊对话中，我们获悉关于“爱的法庭”的特殊“法律体系”，这种体系却被描述为对真实司法机构的嘲弄，最后，爱本身则呈现为基督教的垂饰物，它暗示着古代神话式宗教信仰，而这种宗教信仰在某个地方与基督教的基本教义相适合，而在别处却似乎压制了它。

在终结了最大的文本单元之后，解释者的工作并没有变得更加容易。因为，一方面，我们发现还有数章使我们想起了关于爱的传统谈话论题，例如满足、减少、保持、报答。另一方面，在那些处理了对金钱的贪婪的爱、农民的爱或妓女的爱等论题的章节之后，人们依然能够在作者于教士或修女之爱的背景中反思传统论题时紧随着他，这并不是理所当然之事。而在第二卷的末尾有几个单独的章节，它们专注于在结合的对话中已经得到讨论的话题——如爱的法庭的判决、为爱赋予的作用——但是我们在这里所读到的并不必然等同于我们早先读到的。当然，对在描述部分中呈现的爱做决疑式的谴责，这在第三卷之前也曾出现，因为最高贵的求爱之人乃是最高等级的教士，而恋爱的修女这个问题也被提出。

毫不奇怪，这个由多种不同形制的文本所构成的总体引发了不同解释。因此，我也不想宣称能以确定的方式解释它。我的解释只是要提出另一种看法，但是我认为比其他的看法要更为可信。

我的基本解释准则是，任何一个作者的文本都不能建立于那些在他或她自己的时代、在他或她自己的理论背景下不可能的观念、预设以及阐述之上。任何一个作者都试图以他或她的目标读者能够理解的术语来回答他或她所面对的问题。[1] 而作者之所以不这样做，则是因为他或她想

---

〔1〕 参考威尔海姆·施密特—比格曼：《神的分享真理：神秘神学与理性神学视域中的斯宾诺莎主义》(Wilhelm Schmidt-Biggemann："Veritas particeps Dei. Der Spinozismus im Horizont mystischer und rationalistischer Theologie")，载于氏著《神正论与事实》(W. S-B：*Theodizee und Tatsachen*, Frankfurt a/M：Suhrkamp，1988)，第 117—149 页。这种看待诠释学问题的方式也从哈贝马斯的交往行为理论中的理想言说处境观念获得了某种令人惊奇的支持。

要隐藏自己实在的和真实的观念，这些观念只有在很多世纪之后、通常在真正解释者那里才能变得确实可以理解。而就卡佩拉努斯而言，这意味着——我认为——，把那些生活在多少已经世俗化的时代中的作者所具有的与爱相关的知识、期望和失望向回加诸给卡佩拉努斯，并把这篇文本置于真诚—不真诚的矩阵之中也将会一无所获。可是，我的起点是，作者认真看待他所说的东西，他的出发点是他的时代的问题，最后他只是向自己的时代而不是向整个世界之文献所构成的永恒来给出他的回答和进行写作。在卡佩拉努斯这里，这一原则可以得到清楚的应用——这是就出发点在那篇虚构的叙述文本中出现来说的："我尊敬的朋友瓦尔特，我对你的爱持续不断地激励和推动着我，要在口头上令你知晓并通过著作来教导你……"（第 27 页）由此观点来看，人们没有必要知道这个朋友瓦尔特究竟是谁或他是否存在。唯一显得根本重要的地方在于，作者把文本置于这个视角之中，他把自然给予的、对这样一种问答处境的要求作为构建文本的原则。而这篇文本的无组织的特征也可以此方式得到解释：第一卷第 6 章之所以超出了全书一半的篇幅，主要是因为作者并不是写一篇小说或论文——在后两种情况下他会被要求保持适当规定的比例。更确切地说，这本著作乃是一篇教育的作品：他的论题是作者生活时代的性教育学：他想要对生活在他的时代而且大体上属于他自己的社会阶层和教育背景中的一个（或任何）年轻人展开性教育。他必须以他的时代所能理解的文化和文明之手段来论述那个时代已达性成熟的年轻人所面对的问题，（同时）以此方式，这种性教育可以跟年轻人将会经历的生活处境相谐调。这就意味着他不能从雅典民主时期或世俗化的20世纪至21世纪的家庭模式观点来说话。他不能借口要为所提之问题给予自然科学的解决手段而以价值中立的描述方式来谈论这些问题。事实上，他不可能免除对他于前几部分中所描述的东西进行评价，他甚至可能根本不想这样做。而在评价时所运用的准则几乎不可能是别的，只能是他生活之时代的那些基督教准则。这其实就意指着那些作为结果从我们在本文中早先提到的神学—目的论世界观导出的那些准则（同时还包括教会法规，但是将这些法规推移到教士的性活动之中并不是理所当然的）。同样，在回答这些问题时所使用的那一组知识只能是目标读者——即虚构的对话伙伴——所能接触到的知识：修辞学传统，它在古代哲学神话中有其根源，但是为当时基督教信仰之因素所渗透。实际上，当我们在该书中读到基督教教义的真值要高于我们在该书大部分篇章中所看到世俗的—实践的—描述的知识时，我们无权怀疑这里有什么不实之处。

因此，我认为，我们必须认真看待那段较长的导论性引文，并且认为，卡佩拉努斯想要把对自己同时也对其他任何人发生的一切表现为发生在身体之中，但是又为灵魂或心灵所渗透，而这些所发生的都注定发挥通常的性的作用。同时，他也不能不提及在女人身上所发生的——至少就这些可以借助当时有教养的男人而被认知而言。最后，他也仔细考虑了把生理的—生物的过程规定到既定的（和被描述的）生理过程之下的可能性，思考了社会学上的等级和或多或少被分离开的社会阶级，以及基督教本身——它被视为的就信徒应有之生活方式而提出了被当作真正宗教教导而得到普遍接受的教义。

在做了这些形式的—方法论的考察之后，我们现在可以看看这种性教育的规划在这个基督教的神学—目的论世界观框架中的实现。

爱的定义和对它的第一种结果的提及展现了这部作品的性教育学目标：

> 爱是一种天生的痛苦，它源自于看到异性之美和对之做过度的沉思，它使每个人都不顾一切地要和另一个人交合并且在通常欲望的推动下在与他人交合中

实践全部爱的箴言。（第 28 页）

很明显，这种爱的定义主要把爱界定为一种生理的或生物的行为。后来，康德认为这是最严格的俗世意义上的爱，根本不配得到哲学的分析。

倾向于这种痛苦其实属于现世的人性，后者在两性区别中表达了自身。而使这种倾向成为现实的则是作为一个真实物理过程的观看。这个特征值得强调，因为 200 年之后菲奇诺在他的柏拉图主义著作《论爱》（*De amore*）里将提出要以相反的方式来看待事物，他强调在激起爱的时候，观看其实是一个心理的过程。在卡佩拉努斯那里，身体意义上的看得到着重强调，以至于他激烈地认为：一个天生的盲人是不能感受到爱的。

我们同时也必须强调，卡佩拉努斯把异性之爱视为某种由自然所安排的东西，它唯一的目标就是交合，而他以赞同口吻提及的其他著作则探讨了性交的方法：

情人的任何一个企图都意在享受与他所爱的她交合；他始终想着这一点，因为他希望和她一起实现爱的命令，亦即我们将在那些讨论这个主题的文章里所发现的那些东西。因此，在一个情人看来，没有什么

可以和做爱相比……（第 30 页）

然而，如果卡佩拉努斯的作品只能提供这么多的话，那么相比于他所提到的那些讨论性交方法的论文，我们就不会对他的分析更感兴趣。其实，重要的是我们不要忽略他的定义中一个不那么引人注目的要素，即“心灵对它所见之物的反思”（第 29 页）。这不是在为记忆的某个方面进行命名。它所关涉的是这样一个领域，那种天生的并且由身体意义上的看所激起的情感——即卡佩拉努斯称为爱的那种“痛苦”——通过这个领域而生成（整篇文本为之做出了证实）。这种心灵的反思乃是审慎的思虑、物理的和心灵的禁令以及象征性沉思的领域，并且在卡佩拉努斯著作的大部分都被提及。它可以深刻地影响或延迟纯粹感官的冲动——更为重要的是，它可以导致对这些冲动的压制，正如第三部分所做的那样。卡佩拉努斯很清楚这一点；在他对自己的文本所做的解释中，他为之赋予了重要地位。首先，这就是为什么他要谈论那些伴随着身体行为的心灵现象及其准则——其他文章对此有所讨论。爱的这个心灵部分似乎就是把人的性欲跟动物的性欲区分开来的特征。如果动物的性欲出现在人身上，卡佩拉努斯就称之为“过度的激情”。“过度的激情乃是爱的障碍，因为凡是受这种炽热的欲望奴役之人都无法持守爱的誓约……这种人对他们所看到的任何一个女人都有非分之念；他们的爱就像一个毫无羞耻的狗的爱。我相信，他们应当跟驴来对比，因为他们只是被那种把人和其他动物置于同一层次上的低级本性所触动，而不为那种通过理性的区别而把我们跟其他所有动物分离开的真实本性所触动。”（第 33 页）

因此，作为一张网，人的爱不是以生理的方式约束其“牺牲者”，而是以人的特殊方式，通过理性的思虑来实现这种约束，而沉思和禁令的体系都属于这些思虑。所以，凡是在理性被认作我们本性的基本要素的地方（正如引文所言），凡是本性被视为被创造的地方（正如我们在谴责同性之爱的段落中所见），我们都必须承认，一种神圣的自然的（恰当的）次序出现在背景之中。总而言之，这种次序必须为现实世界中存在的一切负责，即便现实的存在似乎与这种次序相矛盾。但是，这种矛盾并不意味着，思想家可以觉得自己已没有义务向那些想在痛苦的世界中得到指引的人准确地描述实在。实际上，这个次序不仅在第三卷、在本文开头所引的段落中被提及，而且这个背景之中的次序概念在这个文本明确以第一人称单数的叙述者视角来撰写的段落中也随处可见。因为我们决不能忘记，这本书的一半篇幅由模型—对话所构成，而其中的语句不能简单地被视为表达了作者的立场或这本书的道德观念。

因此，卡佩拉努斯的这篇文本乃是基督教的爱之次序传统的一部分。这个传统发端于奥古斯丁，但在17至18世纪欧洲思想之中这个传统被放弃，而作为一个重大的断裂，这种放弃的出现可以类比于对整个自然权利传统的放弃。在本书随后的章节里，我们将追寻欧洲思想中的这些转变。

第二讲 | 17 世纪爱的形而上学概念

在欧洲哲学上，17 世纪是这样一个时期：当时传统的经院思想方式与显著世俗化和自由化的 18 世纪的初期特征共同发挥着影响。一些思想家参与到严格意义上的宗教重建活动之中，他们一方面试图调和各种不同宗教团体的神学，以回应新机械论科学的出现所提出的巨大挑战，另一方面则是去发现拥有古代文明的新民族，例如南美土著以及更为重要的中华民族。

本讲标题中的两个基本术语，即形而上学和爱，在这个时期具有突出的重要性。新的机械论科学乃是一种物理理论，这种理论至少含蓄地主张要跟当时一切与基督宗教的形而上学等同的形而上学相脱离。这就说明为什么一切教派都对该科学运动怀有疑虑，其代表性人物则时常被指责为无神论。可是，在这些“新科学家”中仍然有人冒险去重新思考和构筑以新科学观念为基础的形而上学。笛卡尔就是其中最早和最杰出的人物。

另一方面，爱的概念则是那些与对新物理学的任何形而上学解释特别相关的关键性情感概念之一。从神学上看，基督教的上帝始终被等同于爱，因此在传统的基督教哲学中，爱不仅被视为一种激情，而且还是一种神学上的美德。而作为一种神学美德，爱的意义和功能就是，爱应当被解释为一种美德，而不是简单地被视为干扰理性的激情；它能够帮助那些爱上帝的人返回到他们“真实的”形而上学家园，在此，他们能够看到上帝，甚至能够与之相合一。因此，在17世纪，一个有决定性意义的问题就是，如何在关于情感的物理—生理学理论的框架内来解释传统基督教就爱的德性作用所持有的神学—形而上学信条；正是基于它们至少在表面上呈现出来的众多差异，这种情感理论必须与基督教神学相一致。

为了解决这个问题，笛卡尔建立了一种以形而上学的物理学——亦即以一种具有神学趋向的形而上学为依托的物理学——为基础的情感理论。这种情感理论的诸顶点之一就是一种宽泛的爱的概念，它包含了一种以新方式得到解释的上帝之爱，但仍然确保了与上帝的显著关联。那么，如何以形而上学方式对新科学进行解释呢？笛卡尔致力于对此问题的探究。而在这方面，作为笛卡尔的追随者之一，斯宾诺莎接受了笛卡尔对爱进行形而上学解释的倾向，但是却不接受其基督教神学的诸特征；而马勒伯朗士则强调了笛卡尔的爱的概念所蕴含的基督教—奥古斯丁主义的因素，而且其程度甚至比笛卡尔本人还要高。在本文中，我要展现这三种理论的主要因素。在结尾处，我将简要考察达默里斯·马萨姆（Damaris Masham）女士在她的著作中对这种形而上学理论的最成熟版本（即马勒伯朗士的理论）所做的非常有意思的同时代反思。

一

过去，笛卡尔常被解释为一个刻板的理性主义者和唯我论的哲学家，然而，在过去几十年里，笛卡尔已明显不再如此。他的论文《论灵魂的激情》现在被认为应与他的《第一哲学沉思集》同列，并且变成了所有现代情感理论的基石。而在这篇论文中得到详述的爱的概念成为后来关于爱的探讨的主要出发点。在该书第 79 条里，笛卡尔给出了关于爱的一般定义：

> 爱是由精气运动所引发的心灵的情感，它推动心灵自愿地将自身与似乎适合于它的对象相结合。

（CSM，I: 356）[1]

让我们首先关注意志在这个关于爱的解释中所发挥的独一无二的作用。正如第 80 条所解释的那样，

> 在使用“自愿地”这个词时，我要说的不是欲望，后者乃是一种与未来相关的、完全独立的激情。我所意谓的是一种赞同，根据这种赞同，我们认为自己从今往后会与自己所爱的对象结合在一起，由此我们会想象一个我们认为自己只是其中一个部分的整体，而所爱的对象则是另一个部分。（同上）

此处，按照笛卡尔的专门用法，“意志”意谓着已经由理智或想象呈现给我们的“对……赞同”。而实际上，早在笛卡尔于《第一哲学沉思集》第四部分分析意志在判断行为中所发挥之作用时，就已经提出这种理论了。在爱之中，赞同的结果不是观念自身在其中得到表达的命题，而是行为的推动力：赞同产生了新的事态，我们被卷入到一个整

---

〔1〕 *The Philosophical Writings of Descartes*, trans. J. Cottingham, R. Stoothoff, D. Mardoch, Cambridge, Cambridge University, 1985. 下文引用时缩写为 CSM。

体之中，而我们自愿承认自己只是这个整体的一部分。这就意味着，自我承认而且赞同它相对于他者而言的根本的限制性，而这个他者则对自我提出了要求并请求它不再自私地行事，而是要尊重他者的利益。自我回应此要求的方式从根本上取决于整体中哪个部分被承认为“较大者”。在两个相互碰撞之物体的事例中，根据笛卡尔的第二运动定律，在相撞之后，较强劲的或较大的物体将决定新的组件的结合运动，同样，在由相爱者所构成的整体中，较强者的利益将决定较弱者所赞同的活动。在两个事例中，无论发生什么都将由“要么全有要么全无”之原则所决定。而对于爱者和被爱者之间的量级关系所可能出现的三种结合，笛卡尔分别赋予了特殊名称：

> 我认为，我们可以……根据我们对自己所爱之对象的尊重并将其与对我们自己的尊重相比较来区分爱的种类。因为，当我们对所爱之对象的尊重小于我们对自己的尊重时，我们对该对象只具有简单的感受；当我们对该对象和我们自己具有同等的尊重时，那就结成了“友谊”；而当我们对该对象具有更多的尊重时，我们的激情可以被称为“崇敬”(devotion)。(第83条；CSM，I：357)

这些种类的爱不是一个人的努力的静态终结：从关系式的爱会产生出一种归属于欲望领域的行动准备。当原初的运动规则被转移到彼此相爱的现实个人世界之中时，在物体运动层面上单纯物理的和描述的法则就转变为规范的法则，后者确立了道德价值并使我们遵循着这些价值来行事。在上述各类关系式的爱之中，

> 我们认为自己与被爱的东西结合并统一起来，因此，我们总是准备放弃我们与之共同构成的总体中较弱小的部分，以便保存其他部分。（同上）

这就是说，对于一切由爱者和被爱的“对象”所构成的整体而言，“较强大者”的利益要比“较弱小者”的利益更有价值，由此，“纯粹的描述”就让位于道德评价并且把后者确立起来。

就此而言，第一种爱似乎很单纯：

> 在简单感受的情况下，这就导致我们总是偏爱我们自己，胜过我们所爱之对象。（同上）

然而，作为崇敬的爱则承担了诸多后果：

> 在崇敬的情况下……我们会如此强烈地偏向被爱的东西，以至于为了保存它，我们对死亡都无所畏惧。（同上）

如果说关系式的爱确立起一般的道德价值，那么最可能被爱的对象无疑就具有最高的道德价值。对笛卡尔来说，崇敬之爱的最适宜对象就是上帝，而这种爱的主要结果就是这个整体中较弱小的部分——亦即作为受造物的人——感到必须为了整体、为了较大的部分（此时就是上帝）而牺牲自己。

> 就崇敬而言，它的首要对象无疑就是至高无上的神，当我们以份所应当的方式认识他时，我们就不能不对他具有崇敬之情。（同上）

因此，笛卡尔非但没有按照传统的划分方式——即把爱划分为或者是“仁爱”或者是“欲爱”——来解释爱，反而依照机械论的方式对爱者与被爱者形成一个整体这个传统隐喻进行了重新解释。根据各个部分的分量比例关系，他从这个隐喻推出了三种类型的爱。他以形而上学的方式把对上帝的爱解释为崇敬，此时被爱者的重要性要无限地超过爱者的重要性。

然而，我之所以强调笛卡尔的上帝之爱概念，并不是要使这个世俗启蒙的先驱变成一个传统的神学家，尽管很多人就是如此看待他的。我想强调的是，在笛卡尔的伦理体系中，上帝是最有价值的“他者”，一个最与我们相适合的（convenable）——亦即最可爱的——他者。对上帝的形而上的爱不是在以启示为基础的神学而是在自然神学的框架内得到重新界定的。这种自然神学的进路与他的新形而上学相连，这种连接在《第一哲学沉思集》第三部分的最后几行得到展现：

> 不过，在更为仔细地考察这一点之前……我认为最好停顿片刻、花些时间去深思上帝；衡量一下他的属性，并以惊奇和崇敬之情来凝神注视这个灿烂光辉之美……。因为，信仰使我们相信，来世的无上幸福仅在于这种对神圣主宰的沉思，因此，经验告诉我们，这同样的沉思，尽管不甚完满，却能使我们认识到我们在此世所能感受的最大快乐。（CSM 2：35，中译本第 53—54 页）

需要补充的是，笛卡尔在某些地方区分了感官之爱与理智之爱。在那些从道德上构想的、不同种类的爱的等级体系中，被推到顶端的是对上帝的理智之爱。然而，我想强调，我们必须谨慎避开对笛卡尔观点的任何过度简化。我认为，他的观念并不等同于那些维护传统神学中的上帝之爱概念的人所持有的观念。我甚至想引入一个新的术语，即爱神论的（philotheistic），来为笛卡尔的态度命名。爱神论表示的是：在哲学中，我们人的自然理智能够指引我们达到一种可靠的知识，继而达到对上帝的理智之爱，而无需任何超自然的启示。

值得注意的还有，就笛卡尔哲学而言似乎存在着某种解释的张力。因为，一方面，关于“我思”的形而上学理论经常被解释为唯我论的或自恋的，这就意味着理性灵魂只承认它自己是绝对确定的存在者，一个拥有绝对价值的存在者。而另一方面，笛卡尔关于上帝之爱的理论又突出了他的体系的另一个侧面，此时思维的我承认了它的无限完满的对立面的绝对性。我相信，这种张力使我们必须从爱神论的观点、从导向上帝之爱的哲学路径来重新解释他的整个哲学。

二

让我们回到文章开头提到的那条路径，看看斯宾诺莎如何在很大程度上使爱的形而上学概念摆脱了神学理解的大部分残余。与笛卡尔不同，斯宾诺莎并没有把爱纳入到基本情感之中。反之，只是在讨论了欲望、快乐和痛苦这三种基本情感之后，他才首先界定爱这个情感。在《伦理学》第三部分里，他展开了关于情感的一般体系，其中，他对爱的主要定义是：

> 六、爱是一种为外因之观念所伴随的快乐。
>
> 说明：这个定义足够清晰地解释了爱的本质。有些著作家把爱界定为爱者力求与被爱者合而为一的意志，可是他们的定义只是表现了爱的一种特性，而非它的本质。同时，由于这些著作家未能足够清晰地认识爱的本质，他们对这种特性也不可能具有清晰的概念。因此，每个人都认为他们的定义十分模糊。(《伦理学》，第三部分附录，定义六；Curley：533)[1]

斯宾诺莎熟知笛卡尔的激情理论，所以引文中的责难似乎明显指向笛卡尔。意志不仅不见于斯宾诺莎关于爱的定义中，而且在他整个哲学之中也踪迹全无。我们的自由

---

〔1〕 *The Collected Works of Spinoza*, Vol.I, ed. and trans. E. Curley, Princeton：Princeton University Press, 1985. 下文引用时称为 Curley。

就在于能够淡漠地处置我们的意愿，这种观念在斯宾诺莎看来乃是一种强有力的错觉，而以意志作为灵魂主动性之主要标志的鲜明的笛卡尔式观念也被斯宾诺莎所抛弃。他们各自情感理论的背景之间的基本差异则与他们各自的上帝概念相关。尽管“上帝或自然”这个表达式在《论灵魂的激情》和《伦理学》中经常出现，但是对笛卡尔而言，它意指着一个由神圣者所充溢的自然，这个神圣者的超越性基础仍然和宇宙有着无限的距离，而他的最重要的官能就是绝对的自由意志。相反，对斯宾诺莎而言，“上帝或自然”意味着一个从本质上自然化的神，后者内在于自然并且只根据其理智的必然性来活动。

基于这种基本形而上学概念的差异，斯宾诺莎认为，我们的认知能力能够独立运作，而不受任何意志的影响干扰。他承认，人的心灵中有一种认知官能，人们据之可以在理论上无限地接近本质的领域：人们可以对神的本质与我们自己的个体存在的本质之间的本质关系具有理智洞见。

传统上，一旦提及本质与实存，我们就已经处在形而上学领域，而主要的形而上学概念则是由神学观念形成的。可是，对斯宾诺莎而言，基督教神学只具有极为有限的有效性。虽然他制定了一套以新科学成果为基础的有关人的实存的形而上学理论（类似于笛卡尔），但他拒绝以基督教神学的概念来丰富他以科学为基础的形而上学。他的神之爱的概念与人对自己参与到无限神圣意志的意识根本没有任何关系。在他看来，对神的爱之所以在我们自身之中浮现，主要归功于我们开始意识到自己参与到神的理智之中，其前提和明白的标志就是最高的认知方式，即他所说的直观知识。而这种认知方式与对神的理智之爱之间的直接关联因《伦理学》第五部分命题三十二的绎理而变得明朗。

> 从第三种知识必然产生对神的理智之爱。因为（据第五部分命题三十二）从这种知识必然产生快乐，而这种快乐为作为其原因的神的观念所伴随，亦即（据情感的定义六）产生对神的爱，但不是就我们把神想象为即在当前（据命题二十九），而是就我们把神理解为永恒的而言。这就是我所谓的对神的理智之爱。（Curley：611）

如果我们考虑到，斯宾诺莎的总体思想观念乃是动力论的并且关注于有限存在者的世界，那么我们就不是很容易理解和接受被加诸这种理智之爱上面的永恒观念，因为传统上，永恒乃是所谓“永恒真理”的属性，是诸多不变的观念之间不可移易的关系。可是，斯宾诺莎则明确地说：

命题三十三：从第三种知识产生的对神的理智之爱是永恒的。

证明：第三种知识（据命题三十一和第一部分公理三）是永恒的。所以，（据第一部分公理三）从这种知识产生的爱也必然是永恒的。此证。（同上）

这种永恒的爱不可能是我们在日常生活中称为“爱”的情感。圣经中要求对邻人具有一种非形而上学的宗教之爱，而这种永恒之爱则是其非神学的、形而上学的对应物。在命题三十三的附释中，斯宾诺莎写道：

附释：尽管（据命题三十三）这种对神的爱没有开端，但是却具有爱的所有完满性，就好像它已经产生了一般（如在命题三十二绎理中所假想的那样）。这里，唯一的区别在于，我们假想心灵现在才获得的那些完满，实际上心灵永恒地就具有，而且为作为永恒原因的神的观念所伴随。那么，如果快乐在于向较大的完满的过渡，那么幸福便应该在于心灵具有完满性本身。（同上）

如果我们的心灵及其完满都是永恒的，那么它们的原因——该原因的观念永恒地伴随着它们——就只能是永恒的，也就是说神的观念是永恒的。可是，如果我们认真地看待这个关于爱的一般界定，那么永恒之爱纯粹是个矛盾：这个定义包含快乐，而快乐则被界定为一种转化，是从较小的完满向较大完满的过渡。这就是为什么斯宾诺莎在此把起源于宗教的幸福（blessedness）概念引入到哲学语境之中。然而，人们不禁会想到，这个哲学的幸福概念之远离其宗教起源，正如同心灵的永恒之爱之远离爱的命令。斯宾诺莎式的永恒心灵之蒙福乃是出于逻辑的必然性，而在基督教中，它却从根本上依赖于上帝的随意决定。然而，斯宾诺莎又更进一步，他把这种永恒之爱等同于神据之爱其自身的那种爱：

> 命题三十五：神以无限的理智之爱爱其自身。
>
> 命题三十六：心灵对神的理智之爱就是神据以爱其自身的神之爱，这不是就神是无限的而言，而是就他可由在永恒的形式下得到考察的人的心灵之本质来解释而言；这就是说，心灵对神的理智之爱乃是神据之爱其自身的无限之爱的一部分。
>
> 绎理：[……] 神对人的爱与心灵对神的理智之爱

乃是同一的。（Curley：612）

我不禁要说，斯宾诺莎这种神圣的理智之爱概念乃是新科学理论和古代非基督教文化之发现所引发的最为大胆的、柏拉图化的哲学—形而上学结论。

三

斯宾诺莎对他那个时代的笛卡尔派持有敌意；相反，马勒伯朗士则通常被视为并且被称为笛卡尔派哲学家。

在笛卡尔那里，上帝对其造物的爱只有在与简单感受（即第一种不对称的爱）的反向类比中才能得到设想。在崇敬之中，爱者（即上帝）构成了整体的部分，他要比另一个部分（即被爱者）无限地大。因此，作为至高无上的爱者，上帝以绝对主宰者的方式来分配好处：他的意志时时刻刻都在更新世界的创造，而世界的展开则注定朝向作为上帝的善，这是上帝的绝对良善所决定的。

在马勒伯朗士那里，恰恰是在人的“自然倾向”之中，表现出与笛卡尔哲学的“爱神论”方面的对应。从功能上看，心灵的自然倾向扮演着与身体运动相同的角色。这些倾向处在意志之中，其任务就是通过使一般的求知倾向专注于特殊对象来引导理智。这些倾向乃是上帝的意志在心灵中的持续刻印，因为正是以此方式，上帝为我们提供了对善的基本引导。而爱的概念在马勒伯朗士那里的系统性地位恰恰要在这里来寻找：上帝把作为高尚的爱的行为的诸倾向印刻到人的意志之中，以便使我们能够像他在世界中的代理人那样来行事。这类行动之所为不是别的，只是要导向善，即尘世活动的以神学为基础的自然目的，而这种善则有助于改善整个世界。

> 这种对善的一般的爱乃是我们所有特殊之爱的来源，因为这种爱其实就是我们的意志，而这种意志——正如我在其他地方所言——不是别的，只是自然之作者的持续刻印，他把人的心灵引向一般的善。（马勒伯朗士：《真理的探究》，第四卷第一章第三节，LO：267）[1]

这种神圣之爱的理论与笛卡尔的理论具有众多共同特

---

〔1〕 N. Malebranche, *The Search after Truth*, trans. and ed. Th. M. Lennon and P.J. Olscamp, Cambridge: Cambridge University Press, 1997，下文引用时缩写为 LO。

征。但是，我们首先必须强调的却是他们各自哲学态度之间的差别。这种差别在上帝与他的造物宇宙之关系上变得特别显著，并深刻影响了二者的上帝之爱理论。笛卡尔主要以哲学的术语来考虑这种关系。在他跟伯曼（Burman）的会谈中，他甚至断定，每个存在者，就其由上帝所创造而言，都负载着上帝的形象——尽管有着程度的差异。而在写给夏努（Chanut）的信中，他以类似的理路宣称，根本没有什么可以阻碍上帝给非人的存在者提供好处，这些好处对非人的存在者就像耶稣基督对人那样皆是非同凡响的。笛卡尔以哲学的观念来支持这种观点，但他拒绝上帝与人之间的关系是独一无二的这个假设，可是马勒伯朗士恰恰把这个假设作为我们全部思想——尤其是关于情感之思想——的基础。

> 因为，耶稣—基督的恩典，亦即我们借以抵制混乱的快乐的恩典，乃是一种神圣的快乐，是我们对最高快乐的期望和预先品尝。（Mb，1052）[1]

马勒伯朗士并没有像笛卡尔那样遍寻哲学的手段来治

〔1〕 N.Malebranche, *Traité de l'amour de Dieu*, in *Œuvres* vol.II, Paris: Gallimard, 1992，下文引用时缩写为 Mb。

疗激情的泛滥，甚至连物理的治疗手段，他都没寻找过。他的疗法建立在超自然的手段之上，亦即建立在由耶稣—基督所展现的超物理的（*meta*physical）恩典之上，可是，这种恩典依据非人存在者之等级而在哲学基础上的增殖，在神学上却是不可思议的。这种得到启迪的快乐的真正原因就是耶稣—基督的恩典，亦即那种不受限制的纯粹潜能，它与受造物在影响世界时注定遭际的无能为力状态相对立。

考虑到这些，我们可以总结说，当且仅当我们抛开耶稣—基督在这个体系中的作用时，马勒伯朗士的理论才会类似于笛卡尔的理论。让我们借两个例证来阐明这种相似性。

我所参照的是先前对笛卡尔所做的引述，而由这段引文，我们可以清楚地推论出，笛卡尔认为神圣的完满吸引人并以自然的方式激励着人去爱。而在马勒伯朗士的《论上帝之爱》的一个段落中，他所提出的信条符合于笛卡尔的论点：

> 但是，由于我所说的秩序不是别的，只是神圣完满（无论是绝对的完满还是相对的完满）之间的关系，那么很明显，对秩序的爱只是对上帝的爱和对万物的爱（这是就我们通过它们与上帝的关系来看待它们而

言）。因为爱秩序不是别的，只是爱上帝和爱万物（这是就它们与神圣完满有所关联而言），同理，爱上帝就其自身来看要远甚于爱万物，因为上帝以无限完满之方式把万物的完满都包含于自身之中。（Mb，1050）

在这个段落中，关键概念是完满，它在这里与在笛卡尔那里所发挥的作用是相同的。一方面，上帝之所以爱其自身是因为他在自身之中感受到喜悦；出于秩序之美，他的诸多完满之间的优美有序的关系使他感到快乐。另一方面，我们之所以爱上帝，从形而上学层面讲是因为他把爱他的自然倾向刻印到我们心中。这一点——正如笛卡尔所言，从“物理层面上”看以爱神论的方式——在事物对我们所产生的吸引力中得到表现。这种吸引力正是由于事物自身的完满性才被调动起来，并且与这种完满性成比例，亦即与事物向上帝的开放性程度成比例。在笛卡尔那里，这是一个“完满性之阶梯”，它把我们引向我们因上帝的最高的善而以自然的方式爱上帝的状态。直至这里，马勒伯朗士都是认同的。然而，他在继续解释之时，则强调把自然之爱与神圣恩典结合起来的必然性，而这种神圣之爱首先只在耶稣—基督那里得到表现，其次它绝不会在趋于自然之爱的倾向中被穷尽。当它激励我们爱作为仁爱的上帝时，那它就达到了顶峰，可是爱作为仁爱的上帝不能完全等同于爱作为至善的上帝。前者与对正义的爱、“对秩序的爱”相对应，因为“作为最高正义的上帝观念要比其他所有关于上帝的观念更宜于调整我们的爱，后面这些观念会受到我们的想象的腐蚀，并由此在我们心中激起幻觉。”（Mb，1050）

进一步的例证则是，在向着作为仁爱、作为最高正义之上帝上升的运动中，自我所发挥的作用及其所占据的地位。在当时围绕着所谓纯粹的爱（amour pur）展开的争论中，通过阐明自尊（amour-propre）与自爱（amour de nous-mêmes）之间的区别，马勒伯朗士使自己的立场明晰。我认为，他大概接受了笛卡尔对爱的定义，尤其是其结论，也就是即便在崇敬的情形下，自我依然保持为其自身权利的价值核心：如果自我被期待着“自愿”与上帝相结合，那么甚至上帝都必须为他提供“方便”。这在马勒伯朗士的论点中表现出来——根据这个论点，“一个人只能爱他喜欢的东西，恨他不喜欢的东西。”（Mb，1051）可以肯定，这种殷勤之爱不能被视为感官之爱。在笛卡尔那里，它应当源自于心灵的、爱神论式的自我发展，此时心灵得到的是享受最高完满的能力，而不是那种在通常认为值得爱的有限事物中或在人们试图以想象来把握的上帝之中取乐的能力。反之，在马勒伯朗士那里，正是源自于神道的（theological）教育，心灵才能在最高的正义中怡然自得。二者之间的关系似乎像我们所看到的那样被描述为从此世生存的视角向着来世生存的视角过渡（马勒伯朗士借助其哲学范畴力求从概念上把握的正是这种来世的生存）：当马勒伯朗士提及圣徒之时，他明确表露的正是这种来世的视角。他曾这样写道：

> 当前，在对至福的爱和对完满的爱之间存在着争斗，因为现时代乃是一个功德的时代，灵魂在身体中存在的目标就是接受考验。（Mb，1055）

马勒伯朗士以神道方式所谈的东西，恰如笛卡尔作为一个爱神论者所说出的东西。此后，马勒伯朗士依相同的框架继续说道：

> 但是，将来我们在天国中所喜欢的一切都将使我们更为完满；我们所有的快乐都将纯洁无瑕，而且我们将和它们由之而产生的真实原因相结合。（Mb，1055）

笛卡尔关于爱的叙述（即与适合的对象相结合）的核心论题乃是这条定理，即爱者与被爱者的统一。而此刻这条定理又以马勒伯朗士的版本出现。与此同时，这个版本更新了对爱的经典的神学思考方式，这尤其表现为：对尝试把握灵魂的天国状态所做出的表述与对任何一种爱在我们心中的觉醒所具有的内在经验给出的形式描述完全一致。而对这种表述的第一阶段的描述使我们想到了笛卡尔就惊奇（即我们感受任何激情之能力的前提）的作用所说过的话：

> 如果没有任何东西撞击灵魂，那么灵魂就不可能被动摇、被感动和被推动。（Mb，1051）

对马勒伯朗士而言，我们为了从“对一般的善的爱”或“对至福的爱”转变为“对某个好东西的爱”或“对在某个对象中客体化的至福的爱”，就必须有一个前提，即我们被打动，就像我们受到撞击一样。因此，马勒伯朗士的爱乃是有选择的（elective）爱，这是就它被视为客体化的、朝向和专注于某个对象而言的，即便那种与个人选择无涉的上帝印刻在我们之上的“形式的”爱，也是有选择的爱。“对一般的善的爱，在这个或那个好的东西的观念在灵魂中引发宜人的知觉之时，就会自然地转化为对这个或那个好的东西的爱，而正是通过这种知觉，这种善才会为灵魂所明见；如果灵魂在此刻予以赞同，[……] 它就在自己所知觉到的这种善之中得到满足。”（Mb，1055）

无论在马勒伯朗士那里，还是在笛卡尔那里，这种转化的第一步都是下面这个事件，即一个对象的观念在我们心中出现，这个观念把该对象表象为一种特殊的善，表象为一个“与我们适合的”对象（在笛卡尔那里）或一个“对我们合宜的对象”（在马勒伯朗士那里）。在第二步里，灵魂予以赞同（在马勒伯朗士那里），或自愿地与该对象相结合（在笛卡尔那里）。作为神学家的马勒伯朗士补充说，灵魂在与它相结合或统一的这种善中得到满足。在谈到这种统一之时，马勒伯朗士采纳了从萨莱的圣弗朗西斯（Saint Francis of Sales）到贝尔纳·拉米（Bernard Lamy）等人的用辞，这些人支持纯粹之爱的观念。可是，马勒伯朗士就爱者的消除所说的一切可以说是为从笛卡尔的崇敬之爱推引出来的神学后果。“我们的快乐变得越强烈，我们与上帝的结合就越紧密”，马勒伯朗士借此以神学方式继续了笛卡尔以哲学方式思考的内容，随后他以纯粹之爱的支持者的神学术语补充了下述论点：

> 可以这么说，我们转变得越是完满，则灵魂就越会忘记自身，它就越是消除自身，而上帝就越发完全地占据了它。（Mb，1056）

尽管马勒伯朗士确实使用了自我消除的神学术语，但是他仍然忠实于笛卡尔式的、作为价值中心的自我观念。稍后，我们会看到一个重述的版本。

> 因此，快乐越大，则由它产生的爱就越是无所关涉，亦即我们就越少转向自身：我们会更多地消除自我，失去自我，转化到被爱对象之中，追寻它的利益，介入它的倾向。（Mb，1056）

这种快乐（它在此处不是别的，只是享有神圣完满的秩序，而这种完满或者在上帝自身之中，或者就是圣者的“得到启迪的快乐”），“这种无限甜蜜和平静的快乐，甚至我们据之品尝到神圣存在之实体的快乐”，即便在爱者转变为被爱者之后，依然保持自身。而且，意志也保持了自身——这归因于马勒伯朗士把对上帝的爱理解为一种非自然的爱：意志行为不能被消除。对上帝之爱的自由的必然性要远比这种爱的纯粹性更具指导意义，但是自由地爱上帝与这种爱的纯粹性必然能够以这种或那种方式得到协调：

> 纯粹的爱不是别的，只是我们的意志与上帝的意志之间的完满符合。（Mb，1058）
>
> 对至福的爱是一种自然的印象；[……] 对客观的至福的爱、对上帝的爱乃是我的选择 [……]。（Mb，1057）

事实确实如此，因为在今生今世，虚幻的幸福（之所以说是虚幻的，是因为它与完满相分离）和真实的至福（即与完满相系的至福、秩序、处在上帝之中的完满关系）相互争斗，而正是出于这种斗争，处在身体之中的灵魂才必须选择。它对某个对象的赞同，它的“对象性的”爱是有选择的，它不能摒弃意志。

四

至此，我们已经看到了在 17 世纪以形而上学术语来构想爱的三种主要模式，分别是笛卡尔的、斯宾诺莎的和马勒伯朗士的模式。正如开头我承诺的那样，我将对达默里斯·马萨姆女士匿名发表的作品《一篇关于上帝之爱的对话》(*A Discourse Concerning the Love of God*, [1] London, 1696)和18世纪时关于上帝之爱的形而上学概念出现的情况补充一些总结性的评论。

马萨姆女士撰写这篇对话的主要动机是要挑战约翰·诺里斯(John Norris)的观点,后者主要依赖于马勒伯朗士关于宗教、因果关系和爱的思想,因此,她批判的不仅是诺里斯的观点,还有马勒伯朗士的观点。[2] 她反对通常所谓的上帝之爱的排他性,后者源自于马勒伯朗士对笛卡尔的爱的概念的"偶因论"解释。她所关心的主要是以哲学的方式对"爱的命令"做出确切的解释:

> 你要尽心,尽性,尽力,尽意,爱主你的神。又

〔1〕 引用时缩写为DCLD。

〔2〕 我将主要参照马勒伯朗士的《论道德》(*Traité de morale*, 1684),该书第三章以简明的形式包含了马萨姆所攻击的所有论点。引用时缩写为TE. 至于马勒伯朗士关于爱的观点本身,参阅施马尔茨:《马勒伯朗士论自然之爱与自由之爱》(T. Schmalz, "Malebranche on Natural and Free Loves")和施马尔:《纯粹之爱争论中良心问题和秩序》(D. Schmal, "The Problem of Conscience and Order in the Amour-pur Debate"),两文皆载于《17和18世纪哲学中的爱的概念》(*The Concept of Love in 17th and 18th Century Philosophy*, ed. G.Boros, H.De Dijn, M.Moors, Budapest: Eötvös Kiadó, Leuven: Leuven University Press, 2006)。

要爱邻如己。[1]

遵循这个传统，诺里斯和马勒伯朗士在爱这个概念中区别出两个子范畴，即欲望之爱与善意之爱，而且他们宣称可以把其中一个归于上帝，把另一个归于受造物。欲望之爱只有在与上帝的关系之中才是适当的，而善意之爱则是在与受造物的关系中容许给人的爱的形式。这种总体上的区分可以追溯到奥古斯丁的爱的秩序（ordo amoris）概念，其中享有（frui）和使用（uti）乃是区别爱上帝和爱受造物的方式。[2]

马萨姆女士认为，整个这条传统路线都是错的，因为人们不可能做得如此整齐的划分。她坚持说，从本质上看，所有爱的行为都同时包含欲望和善意。她提出了下述快乐主义的定义：

> 爱只是对心灵的特定倾向或行为的命名，我们在自身中发现心灵对我们所喜悦的任何东西都具有这种

〔1〕书中标出的是《路加福音》第四章第25节，但其实引文出自第十章第27节。

〔2〕参阅奥古斯丁：《论基督教教义》（Augustine, *On Christian Doctrine*），第一部分各处。

倾向或行为。（DCLD，22）

她的主要论点就是，尽管爱是心灵的一种简单行为，但是它总是自然地同时为欲望和善意所伴随。由此推知，对上帝的爱和对受造物的爱不能在与结合之欲或与善意的排他性关系的基础上得到区分。与诺里斯和整个基督教传统一样，她也认为，对上帝的爱乃是一种卓越的爱。可是在她看来，即便是这种卓越的爱也同时为欲望和善意所追随。

> 我们因上帝之本性的卓越而爱他，在此上帝无限地超越了受造物中一切好的或值得欲求的东西。
>
> 因为上帝之本性的完满和崇高使他成为我们的爱、欲望和善意的对象，其方式与被创造的存在者成为我们的爱、欲望和善意之对象的方式完全不同。（DCLD，22）

这一点同样适用于各种生物：

> 当我们说我们爱自己的孩子或朋友时，从对象的本性就明显可见，我们不仅希望他们会像我们一样得

> 到我们认为有可能延续或改善他们存在的任何东西，而且他们的欲望也是我们的爱的必然伴随物；[……]如果我们不欲求拥有某物，那么我们就不可能喜爱它的出现或好意。（DCLD，23—24）

因此，通过以哲学的方式来维护上帝之爱的单义性，她用另一种方式强调了这种爱的卓越特征。

她提到了欧洲道德文化中的一个古老的对立，即伊壁鸠鲁—快乐主义的观点与斯多亚—自然权利理论家的观点之间的对立。而对受造物的爱与对上帝的爱之间的本质区别被她解释为这个古老对立的新版本。受造物之所以被爱，主要是因为他们的出现使我们喜悦（但并不必然与它们内在的完满有关），而根据那条古老的原理——即正是上帝本性的完满使我们不可避免地爱他——上帝必须被爱。

> 愚蠢的人[……]时常热烈地去爱，却不考虑他们所爱的对象是否值得爱。但尽心、尽性和尽意地爱却不是如此，而是有理智地、合乎理性地并且热情地去爱。如果我们不是爱上帝甚于爱他所有的造物，那么我们就不可能尽心尽性地，也就是通过应用我们的理智并以合理的爱，来爱上帝；因为上帝比其他一切都

无限地更加可爱；而每个有理性的人，当他求教于理性时，必然总是同意上帝的确如此。（DCLD，44）

可以肯定，马勒伯朗士也广泛应用了比较古老的完满主义的爱的理想。

而今，我们必须只尊重和热爱完满。[……]我的意思是，两种爱之间的关系必然与它们由之被激发起来的对象的完满（或实在）之间的关系相同。如果那种比例消失了，那么它们就与秩序不符。（DCLD，62）

对马勒伯朗士而言，结合之爱只能由上帝的无限完满所激发。正是由于他的无限完满，上帝才会比他所有的造物无限地更加可爱，而受造物究竟在多大程度上被爱则必须视它们各自的完满性等级而定：

秩序本身就要求，我们要根据受造物本身所具有的完满性（不管是自然的完满还是道德的完满）来尊重它们和爱它们，至少在这些完满为我们所知的程度上这样做。（DCLD，63）

既然马萨姆女士以欢乐以及孩子们出现时她所体会到的愉快感受来界定她对孩子的爱，而与孩子们的完满没有什么关系，那么马勒伯朗士的观点与她的观点离得并不远。而她那具有完满主义之残余的、基督教—快乐主义的世界观就跟马勒伯朗士的（基督教化的）斯多亚主义的和彻底完满主义的世界观也几乎没有什么距离。

如果我们看一看它在18世纪的发展，我们就会发现，马萨姆女士的此世观点占据了统治地位，而对上帝的爱或一般意义上的上帝本身则不再占据突出地位。从休谟开始一直到康德的情感理论将会排除以形而上学方式来解释的神圣之爱的观念。可是不久，这种观念就在所谓的德国唯心论中重新出现，在谢林和黑格尔哲学中尤其显著。

第三讲 爱的哲学中的反形而上学转向：从笛卡尔的爱的围产期视角到狄德罗《布干维尔游记补篇》中的自由之爱

请允许我重提一下前面就17世纪爱的形而上学概念所做的阐述，以便为我关于反形而上学转向的主要思想提供一个背景。我的主要观点如下：

在那些力求以自己新的科学观念来重新思考形而上学的“新科学家”中，笛卡尔乃是最早而且最为杰出的一位。就对新物理学给出元物理学（metaphysical）解释来说，爱是一个紧密相关的关键概念，因为基督教的上帝总是被等同于爱，而上帝之爱则被揭示为一种德性，后者有助于信徒达到一种状态，在这种状态中，他们能够看到上帝的本质并与之相结合。在17世纪，如何在关于情感的物理—生理学理论的框架中解释这种就爱的德性地位所提出的传统基督教的神学—形而上学信条，就变成一个具有决定意义的问题。

为了解决这个问题，笛卡尔建立了一种以形而上学的物理学为基础的情感理论。这种理论的顶点之一就是一个广泛的爱的概念，其中就包含上帝之爱。这种上帝之爱以一种新的方式得到解释，但仍然确保“爱者”与上帝的卓越联系。随后，有一些哲学家追随笛卡尔，力求解决对新科学的形而上学解释的问题，斯宾诺莎就是其中的一位。他接受笛卡尔以形而上学方式来解释爱的倾向，但抛开了基督教神学的框架。然而马勒伯朗士却比笛卡尔更加强调传统的基督教—奥古斯丁主义因素。

在笛卡尔那里，上帝的形而上学之爱不是在以启示为基础的神学而是在自然神学的框架内得到重新界定。这种自然神学的进路与他的新形而上学联系在一起，这就意味着，就上帝之爱所形成的新的形而上学—神学概念绝对不能等同于传统上就上帝之爱所形成的神学概念。我引入一个新的术语——“爱神论”——来把笛卡尔的态度和传统的态度区分开：笛卡尔确信，在哲学之中，我们人的自然理智能够引导我们达到可靠的知识，甚至达到对神的理智之爱，而无需传统意义上的超自然的启示。

如果把目光转向斯宾诺莎，我们会发现，他关于爱的形而上学概念消除了关于爱的大多数神学理解之残余。尽管“上帝或自然”这个表达在笛卡尔的《论灵魂的激情》和斯宾诺莎的《伦理学》中都经常出现，但是，在笛卡尔那里，它意指着一个为超越性的上帝所充溢的自然，而在斯宾诺莎那里它意味着一个内在的，甚至自然化的神。斯宾诺莎关于人的实存的形而上学理论就建立在新科学成果的基础上，而没有把基督教的神学概念卷入到以科学为基础的形而上学之中。在他看来，我们对神的爱源于我们逐渐意识到自己参与到神的理智之中，其前提和颠扑不破的标志就是最高的知识形式，即直观知识。我把斯宾诺莎的神圣理智之爱的观念解释为新的科学理论发现和古代非基督教文化的最大胆的柏拉图化的哲学—形而上学结果。

在马勒伯朗士那里，爱的概念之基础是上帝，这个上帝把作为仁慈和无偿的爱之行为的灵魂倾向注入到人的意志之中，以便使我们能够作为上帝在尘世的代理人而活动。这种神圣的行动间接地将人引向了善，引向了尘世事件的以神学为基础的自然目的，而这有助于整个世界变好。在马勒伯朗士这里，我们可以清晰地发现古老的神学—目的论世界观的新维度，前面，我们看到了这种世界观指引着经院哲学家的哲学努力。马勒伯朗士以神道论的方式（theologicallly）谈论了笛卡尔作为一个爱神论者所陈述的相同的东西。相比于笛卡尔而言，马勒伯朗士把上帝之爱理解为一种非自然的爱。他拒绝人可以抛开超自然的意志行为这种观念，无论是在笛卡尔的意义上，还是在斯宾诺莎的意义上。事实上，笛卡尔乃是一个神学中的自然主义思想家，他强调自然的启示，并将其与超自然的启示相对立，而斯宾诺莎则把神之爱认作从某些基本前提的实现而产生的自然必然性。

在考察了 17 世纪以形而上学术语构想爱的三个主要范型之后，我就达马里斯·马萨姆女士的爱的哲学以及上帝之爱的形而上学概念在 18 世纪遭遇的变故做了一些补充的论述。我的总体论点是，我们在 18 世纪看到的是马萨姆女士的现世的（this-worldly）观点占据了统治地位，这种观点没有为上帝之爱赋予任何与众不同的作用，甚至也没有为一般的上帝赋予这种作用（当然，后者并非马萨姆的立场）。从马萨姆到康德，关于情感的理论排除了以形而上学方式得到解释的神圣之爱观念。然而，这种观念不久又在所谓的德国唯心论中重现，尤其在谢林和黑格尔哲学中特别显著。

在下面的文章里，我将揭示出，爱的概念的元物理学侧面如何随着对上帝的根本参照的消失而逐渐褪去。以前，这个上帝一直被当作唯一的、全知全能的和绝对仁慈的存在者，他的创造行为乃是自然能够实存的不可或缺的条件，而自然所具有的恰恰是上帝以非时间之方式预先确定的那些本质结构。

在 17 世纪，自然的结构基本上按照伊壁鸠鲁主义的方式得到构想。然而，这种想法通常被认为是单方面的，需要通过一种几乎与其相平行的存在者系统才能得到完成，而后面这个系统不是为动力因果性的微粒机械论法则统辖，而是为这种或那种神学—目的论的因果性所统治。

就这种双重化的系统，我们能够找到的最为重要的阐释篇章之一是笛卡尔在1647年6月6日写给法国驻瑞典克里斯蒂娜女王宫廷大使埃克托—皮埃尔·夏努（Hector-Pierre Chanut）的一封信。夏努的问题促使笛卡尔去反思“究竟什么原因经常激励我们在知道一个人的优点之前就爱她胜过爱别人”。而在这个问题之前，笛卡尔还在1647年2月1日写过另一封信，信中他回答了夏努就爱所提的其他问题。

在第一封信中，笛卡尔把理性灵魂和身体区分为两个不同的层面。他就第一个层面所说的令我们想到斯宾诺莎在《伦理学》第五部分中就心灵的情感和心灵对上帝的理智之爱所说的东西。而就身体的层面，笛卡尔提到了爱的诸多身体症状，《论灵魂的激情》第二部分对此有细致的描述。然而，笛卡尔并没有把身体的症候和爱的激情或情感相等同；他坚持认为这种躯体性的激情理论根本上是不完整的，这就意味着需要通过以某些从他“三元的”（trialistic）形而上学的考察来丰富这种理论并使之完整。他宣称，在我们当下的生活中，（作为人的）人之爱只能同时在这两个层面上得到构想。不管爱在身体上的症候何时出现，理性灵魂总是必须被卷入其中。

在其他作品里，我把理性灵魂在人的每个身体感受中的出现区分为三种层级或形式，而它们的踪迹可以在笛卡尔的不同著作中找到，只不过他没有系统地将它们展开。第一个层级就是，理性能够监控身心复合体与其环境之间的交互作用。依照《谈谈方法》第五部分，理性是作为一种“普遍的工具”发挥作用，它同时从我们的一般行为和我们对语言的使用两个方面使我们适应持续变化的日常生活处境。在这种灵魂以无意识的控制方式在身体中呈现的基础上，爱可以无意识的方式在我们自身中被激起，这一点我们马上就会看到。

第二个层级就是笛卡尔所谓的理智情感理论。在《哲学原理》第四部分第190条里，笛卡尔反思了我们所听、所读或所看的东西究竟以何种方式能够在我们自身之中激起与现世的自然生活经验能够在我们自身之中所激起的情感相同的情感。他认为，这是经由理性灵魂的活动而发生的，后者首先把被表现的意义与物理载体分离开来，以便随后影响我们的身体机制，就好像通常的单纯物理因果性已经出现。

而第三个层级从我们当前的视角来看则是最重要的，因为它主要关注上帝在（作为人的）人类情感理论中被认为要发挥的作用。依照笛卡尔的观点，人能通过他们纯粹的理智活动以自然的方式爱上帝。换言之，自然的情感并不局限于作为有限形体存在物之圈子的自然物中，反而作为这个圈子的超自然的、元物理学的完成来引领着它。

在笛卡尔看来，灵魂执行了所有那些使身体进程得以实现的功能，而它在所谓的围产期就已经和身体结合在一起，那时它对新近与它结合起来的身体和周围的物体世界中所发生的一切都还只有模糊的观念。但即便有这种原初的模糊性，灵魂仍持续地发挥其功能。而且，它的预定倾向使它朝着一种状态前行，在这种状态中，身心统一体的运行在两种可能的意义上为“自然的恰当理由”所调节：一种是建立在传统自然权利理论上的理由，另一种是建立在由自然认知途径所获得的恰当的——真实的、明显的——理由（潜在意义上是与前者是一样的）之上的理由。而就其在18世纪所获得的发展而言，重点在于强调，笛卡尔为那些在理性活动之中并通过理性活动而产生的真实理由——此时理性被视为一种更高的认识官能——赋予了在人类伦理抉择中所具有的实际有效性。那么，这些理由来自何处呢？

通过回答这个问题，我们会明白，就人类身体进程以及它们与“在上之物”的领域之间的关系，17 世纪的观点与 18 世纪的观点之间有着根本断裂。依据笛卡尔的看法，灵魂和身体被上帝在同一个个体创造行为中结合起来。借这种行为，上帝创造了一个真实的人类个体，并且把从模糊观念向理性明证性的自我发展倾向植入灵魂之中。当某种特别好的东西——它的特征不仅仅是物理的，更多的是元物理的——出现在身体之上时，作为至善的上帝就把灵魂与它的身体相结合。用物理术语来说，这指的是物理事件，也就是更高的热量被产生出来，以支撑逐渐发育的胚胎中的调和过程。用元物理学的术语来说，这指的是上帝的普遍意志，亦即新近结合的并得到个体化的人所具有的最初的激情或情感应当是一对肯定性的基本情感，也就是快乐和爱。从我们试图解释的彻底断裂观点来看，重要的是强调，在笛卡尔那里，人体——也包括其他所有物体——的部分或要素乃是无感觉的微粒或形体，上帝将它们与非物质的灵魂结合在一起，而灵魂的存在唯独在于思想行为。

然而，笛卡尔不愿意让上帝直接在自然之内活动。相反，他引入了一个被称作“自然”——有时被称作“上帝或自然”——的意义含糊的主体来启动人体中的积极发展。尽管有这种上帝概念的“原初的自然化”，我还是要强调，笛卡尔并不认为仅仅身体的本性就足以发展出“真实之人”

的所有功能。在这种意义上，我们可以合法地谈到 17 世纪的自然化概念与 18 世纪的自然化概念之间的彻底断裂，尽管 18 世纪的自然化的思想家们可能会主张在自然的去神圣化以及塑造一个独立行动者方面，他们是笛卡尔的追随者。然而，这并没有改变下述事实，即根本而言，笛卡尔并不是广延心灵的原初理论的支持者。

这一点即便在我们爱一个特定的人——他的优点并不为我们所知——的事例中也是真实的，这就回到了我们据之开始我们的讨论的那个问题。笛卡尔对夏努之问题的回答是双重的。他区分了两种可能性：这些原因或是处在灵魂之中，或是在身体之中。而理解处在灵魂之中的原因就预设了，我们对灵魂的本性所具有的知识要远多于我们所希望的；因此，笛卡尔并没有走向这个方向。然而，这并不等于说，从现在开始，只有身体在发挥作用并且使整个人保持在独立于灵魂的运动中。笛卡尔只是禁止探究那些唯独在灵魂或心灵中发现的原因。其实，他认为，情感本身总是在唯一具有知觉能力的灵魂中发生的。

而笛卡尔对身体性原因的解释则非常有趣，甚至令人兴奋。他认为，从人的胚胎与他的灵魂结合起来的时刻起，他们就无意识地保存着自己的记忆痕迹，而这些痕迹影响着我们的成人感受的发展，但却不是我们自己的感受的原因——尽管它们作为模糊的观念处在我们的灵魂之中。事实上，我们毋须对这种模糊性感到奇怪：我们必然会想到在我们身体中所发生的几乎无限多的事件，而从围产期开始，从第一滴特殊的营养液流入正在成长的心脏并且为上帝提供把我们未来的灵魂和未来的身体结合起来的时机开始，这些事件就开始出现了。我们会不可避免地认为，我们的意识生命是建立在这些存储于不可更正的模糊观念中的众多无意识记忆之上的。

然而，它们是处在灵魂之中，而不是在身体之中。因此，人们甚至会论证说，当莱布尼茨想出一个弥漫着简单的实体或单子（有多少实体或单子就有多少面向的宇宙）的自然时，他所做的只是把笛卡尔的观念推到最终的结论。

现在，如果我们反思以下这个事实，即莱布尼茨是在他发表《单子论》之后并且在他与克拉克的通信中提出反对牛顿派的单子论世界观的1716年去世的，我们就会被以灵魂为中心的观点与以身体为中心的观点之间的彻底断裂深深打动，前者在17世纪或多或少地得到一致接受——霍布斯是一个应当被严肃对待的例外，而后者则为启蒙运动时期大多数重要思想家所深信。在狄德罗、卢梭和休谟那里（我们只提及他们中的少数几个），我们发现，他们就有关个体或物种之生殖的自然哲学持有类似的观念。当然，这并不是要否定，对于多多少少被他们共同分享的观点，他们会强调不同的要素或不同的结论。请允许我通过援引狄德罗《关于自然解释的思考》(*Pensées sur l'interprétation de la nature*）第50节中的一个段落来例示以下这种关于人的在世存在的全新看法。

> 种子元素，从一个和它应当在有感觉和思想的动物体中形成的部分相似的部分中出来，将有某种对它原先情况的记忆；由此引发了物种的保存和与父母的相似。
>
> 可能发生这样的情况，就是在精液中有某些元素过多或缺少；以致这些元素由于遗失而不能互相结合或者是作了一些多余元素的奇怪结合；因此就有或者是不能生殖，或者是一切可能的奇怪生殖。
>
> 某些元素将必然会非常容易以同样方式经常互相结合……〔1〕

〔1〕 L'élément séminal extrait d'une partie semblable à celle qu'il doit former dans l'animal, sentant et pensant, aura quelque mémoire de sa situation première; de là, la conservation des espèces, et la ressemblance des parents. Il peut arriver que le fluide séminal surabonde ou manque de certains éléments, que ces éléments ne puissent s'unir par oubli, ou qu'il se fasse des réunions bizarres d'éléments surnuméraires.

而当一种当前状况的印象超过或消灭了一种过去状况的记忆，以至于导致了对全部状况的漠不关心，那么就会有不能生殖的情形；这就是为什么骡子不能生殖的原因。

有谁会来禁止那些有理智而且能感觉的基本部分无限地与构成物种的秩序相分离？因此，就有无限多动物的种出于一个最初的动物；无限多存在物从一个最初的存在物流出；在自然中只有一个行为。（《狄德罗哲学选集》，商务印书馆 1997 年版，第 94—95 页。）

在这个观点里，有一些非常新的特征。首先，我们必须恰当注意到，在这个系统中，甚至最小的微粒都具有某种感觉、思维和记忆的能力。这个特征可以被视为对那个困扰所有还原论唯物主义认知理论的臭名昭著之问题的解决——霍布斯甚至称其为“最令人惊异的”问题：在宇宙之中，某些存在物有认知——现象学意义上的表象和意向特征，而其他存在物却根本不具有其他任何存在物的形象。可是，这只是一种解决方式，因为当狄德罗清晰地否定“只存在某些具有感觉和思维能力的存在者”这个在前面所提的假设时，他甚至否认这个问题的存在。从引文来看，所有元素以及由这些元素构成的一切存在物都是有感觉和能思维的存在者。我们可以从他 1769 年的文本《达朗贝之梦》援引一个替代性的表述，其中他使虚构的达朗贝支持一个由梦中得来的观点：“一切动物都是或多或少的人；一切矿物都是或多或少的植物；所以一切植物都是或多或少的动物。在自然之中，根本没有严格的分别……任何东西都是或多或少的其他东西，或多或少的土，或多或少的水，或多或少的气，或多或少的火；或多或少的这一界的东西或那一界的东西……”〔1〕(《狄德罗哲学选集》，第 153 页。)

把感觉和思想能力赋予给所有存在者，这本身就已经标志着该思想家抛弃了认知可能性的人格保证这个典型的 17 世纪观念——根据这个观念，上帝把几组广延物质微粒跟思想或知觉实体结合在一起。此外还有另一个断裂的标志：这种免除上帝作为认知保证者之地位的方式，其形而上的对应物乃是下述论点，即感觉元素自身与其他微粒相结合并形成存在统一体，不是由一个全知创造者从后面或从上面进行控制，而是由这个过程本身的动力机制来控制，

〔1〕 Tout animal est plus ou moins homme; tout minéral est plus ou moins plante; toute plante est plus ou moins animal. Il n'y a rien de précis en nature ... [...] Toute chose est plus ou moins une chose quelconque, plus ou moins terre, plus ou moins eau, plus ou moins air, plus ou moins feu; plus ou moins d'un règne ou d'un autre ..."

而这种动力机制则以整个自然不会耗尽的现实潜能为基础。

由这一点推出了诸多结论，而就所谓“怪物”提出的意义深远的论点就是其中之一。那些被归结为“怪物”的个体存在者，其形成不能被视为自然的失误或问题案例，而神义论恰是以此为借口反驳这样的上帝观念：这个上帝一开始创造了一个完满的物种链条秩序，但随后又允许这个秩序为某些存在者的出现所扰乱，因为这些存在者不能被归入任何似乎可以永远得到良好界定的种类之中。这种传统的元物理学方案其实就是莱布尼茨在《人类理智新论》——他在其中拾起了洛克《人类理解论》中的线索——中讨论相同话题的框架。与此相反，现在，怪物被当作给自然动力性的现实潜能所具有的无定限性提供了众多证明，而另一方面则见证了物种秩序的无限可塑性。

而我们所用的这些表达式，如“无定限性”“无限可塑性”等，似乎也指向了莱布尼茨的连续律之意义的扩大和彻底改变。连续的概念被给予了全新的意义：“连续”现在意味着无处不在的持续流动性，后者成为全部存在的支配性特征，从最小的物质存在物持续改变它们的联系和位置，到知觉在思想的无边界的——亦即非人格的——接受性（德勒兹在谈到休谟时称之为“精神”）中持续流动。

人们不能期望，存在本身的这种无边界的、创造性的和动力的流动性可以由理性或理智等思想官能所把握，而大多数传统哲学家正是应用这些官能来认知不变的本性。相反，这种新近被构想的处在持续流动中的自然似乎是由想象或情感的官能来良好把捉的；这些官能不由既定的结构所限制，但是却易于使自身适应始终变化的实在。这也就解释了为什么在所谓的启蒙哲学——至少是其法国和苏格兰的版本——中这些官能会处在总体的支配地位，而理性或理智的价值却大打折扣。顺便提一下，不仅在通往实在的认知哲学进路中情况是如此，而且在艺术理论中也是这样：以前艺术被当作主要由那些受理性约束的规则所控制的活动，而今这种艺术观念让位于富有想象力和创造力的天才，后者不再考虑那些定期变得“经典”和“合理”的艺术创造规则。而艺术活动在理论和实践上的这种“范式转变”的最佳例子恰恰是狄德罗自己的文本：这些文本处在反复重构的持续流动之中，或者他使一个无所不知的特殊叙述者最终在杰出观点面前消失。

那么，所有这些在关于爱的思想之中会引发什么结果呢？在做出广泛的预备性考察之后，我们不难回答这个问题；我们只需进一步思考狄德罗在《达朗贝之梦》以及特别在《布干维尔游记补篇》(1775/1796)中所提出的观念。既然爱基本上处在个体之间，那么，为了理解哪种爱至少有机会变为真实的并发挥其影响，首先理解哪种个体会跟上面段落中勾勒的一般哲学观点有所关联就会很有用。就在刚才援引的那个段落中，狄德罗让达朗贝以至关紧要的方式谈到了个体性、生命、死亡和幸福：

> 你改变了全体，就必然改变了我；不过全体是不停地在改变的……人只是一个普通的结果，怪物只是个稀有的结果；两种东西同样地自然，同样地必然，同样地存在于普遍的、共同的秩序中……[……]所有的东西都在彼此循环，因此一切物种也都如此……全体是一个不断的流……[……]你们讲个体，可怜的哲学家们啊！……根本就没有个体，没有……只有一个唯一的大个体，就是全体……[……]你们讲本质，可怜的哲学家们啊！把你们的这些本质抛在一边吧。[……]阿尔其塔斯啊！你这个曾经量过地球的人，你是什么东西呢？一点儿灰…… 一个实物？……一定数目的倾向的总和……[……]那么生命是什么呢？……生命，就是一连串的作用与反作用……我活着，就以块体的方式作用与反作用……我死了，就以分子的方式作用

与反作用……那么我就根本不死了？……不死，当然不死，在这个意义之下我根本就不死，不但是我，无论什么东西都不死……诞生，生活，死去，乃是形式的变换……[……]每一个形式都有它特有的幸福与不幸。从大象到木虱……从木虱到有感觉的和活的分子这种万物之源，整个自然中没有哪一个点是没有痛苦或没有快乐的。[1]（《狄德罗哲学选集》第152—154页。）

---

〔1〕 Changez le tout, vous me changez nécessairement; mais le tout change sans cesse ... L'homme n'est qu'un effet commun, le monstre qu'un effet rare; tous les deux également naturels, également nécessaires, également dans l'ordre universel et général ... [...] Tous les êtres circulent les uns dans les autres, par conséquent toutes les espèces ... tout est en un flux perpétuel ... [...] Et vous parler d'individus, pauvres philosophes! [...] Il n'y en a point, non il n'y en a point ... Il n'y a qu'un seul grand individu, c'est le tout. [...] Et vous parlez d'essences, pauvres philosophes! laissez la vos essences. [...] O Architas! vous qui avez mesuré le globe, ou'etes-vous? un peu de cendre ... Qu'est-ce qu'un être? La somme d'un certain nombre de tendances. Et la vie? ... La vie, une suite d'actions et de réactions ... Vivant, j'agis et je réagis en masse ... mort, j'agis et je réagis en molécules ... Je ne meurs donc point? ... Non sans doute je ne meurs point en ce sens, ni moi, ni quoi que ce soit Naitre, vivre et passer, c'est changer de formes ... [...] Chaque forme a le bonheur et le malheur qui lui est propre. Depuis l'éléphant jusqu'au puceron A ... depuis le puceron jusqu'à la molécule sensible et vivante, l'origine de tout, pas un point dans la nature entière qui ne souffre ou qui ne jouisse.（312 sq）

严格来说，在狄德罗笔下的达朗贝的世界里，几乎没有任何关系可以被合法地称为爱。只有唯一一个个体，那就是全体，而在全体的诸部分的领域中，所有部分都有同等的“权利”被结合起来或被打碎为更小的部分。然而，这必须被视为一个物理的和/或生理的连续过程，它跟两个人之间那种被称为爱的大范围的象征性调谐没有什么关系。如果我们不想回到托马斯·阿奎那以及其他宗教作家提出的、在上帝治下相爱的人之间形式的—宗教的调谐，以便为他们的爱赋予合法性的话，那么我们可以把伏尔泰的诗《俗人》(*Le mondain*）当作其世俗化版本。如果我们把个体对幸福的追求当作个体性的标准，那么在存在等级的任何一个层次上，这种追求、这种享受幸福生活的努力都不会缺失。可是，同时，在任何一个层次上，这种追求都不能被赋予一种以统一和不可改变的单一性为基础的实在意义：既然生和死不被认为可以构架出一种个体的生活，那么个体性最好被理解为一个无止境的过程。根本就没有个体幸福的标准，任何存在的瞬间地位都不能独立于全部存在——这个唯一真实的个体——而得到评估。因此，狄德罗笔下的达朗贝的世界就比斯宾诺莎那个由唯一实体的诸样式所构成的世界更加斯宾诺莎主义化。如果说在达朗贝的世界中缺少斯宾诺莎的实体，那么他的唯一的个体，也就是全体，就更像是斯宾诺莎所说的无限样式之一。

这就是为什么“可怜的哲学家”被禁止谈论真实的生或真实的死：这并不是因为——像基督教传统甚至是斯宾诺莎和莱布尼茨所认为的那样——任何实存的特殊个体都有其永恒的个别本质。狄德罗为之提供的原因是反基督教的和反形而上学的，具体来说就是，在一个整全的个体中，没有任何部分会比其他部分更有权利说“我”，这就意味着没有任何部分会比其他部分更有权利“以个体的方式”将自身跟整体的其余部分分离开来。这是在个体性概念层次上反形而上学转向的结果。

同《达朗贝之梦》一样，《布干维尔游记补篇》也是一篇虚构性文本。在该文本里，“甲”和“乙”讨论这个虚构的补篇所报道的故事。这个补篇的故事与《关于自然解释的思考》和《达朗贝之梦》中从两个主要原理得出的结论有关：一方面是存在者的持续流动理论，另一方面是持续生成理论（不管这种生成采取了以何种方式——物理地和心理地）。在《达朗贝之梦》里，持续生成的两个支配性层次分别是最微小的有感觉的和活生生的微粒层次和作为唯一真实个体的总体层次。狄德罗所构想的人有似于斯宾诺莎所说的作为有限样式的人，但也有重大差别：前者所说的人不具有任何永恒的部分，也不会最终将自身提升到唯一实体的层次（这就是为什么我说实体在狄德罗的世界中是缺失的）。人并不具备任何足以把他跟整体中的其他复杂部分区分开的实在的优先性。在这种理论背景下，人根本没有必要把爱当作非个体的复杂存在物由之结合起来的手段。不管这些复杂存在物碰巧分别是男人和女人，还是他们偶然地以相同年纪生活在地球上的相同地区——正如原子论者所说的原子或狄德罗的达朗贝所说的活生生的、有感觉的分子那样。因此，我们也就无需奇怪，狄德罗一方面不认为爱是一种可以把人们之间任何异性配偶结合起来的特殊手段，而以往这些配偶被认为似乎适合于生育任何数量的后代。而另一方面，狄德罗取消了一切源于人类文化的禁忌，这些禁忌原来阻止某些配偶结合，这不是因为他们不能生育而是因为强大的文化规范禁止其性交，而由此极大降低了生育后代的统计概率。在狄德罗所说的塔希提岛上根本没有浪漫的爱，不管是欧洲浪漫主义所提出的形而上学意义上的爱，还是今天英语世界中几乎纯粹性爱意义上的爱；同时，也没有任何禁忌：不管结合的配偶是近亲，还是二者或其中一个属于某个禁止其成员进行任何性行为的宗教团体——我们在关于爱的经院哲学理论的背景下可以看到这一点——，这些都没有关系。在《布干维尔游记补篇》的文本中，我们看到一个塔希提的智者，他借助最简单的“论证”就成功说服欧洲发现者中的那个天主教神父忘记他的宗教誓言并参与到使他的塔希提招待者的女儿和妻子怀孕的持续尝试之中，以便大量繁殖后代。

然而，就为什么要忽视这些社会文化规范，相比于这个老塔希提人的肤浅论证，还有更深层次的原因。这个原因以《关于自然解释的思考》和《达朗贝之梦》中的总体世界观为基础。这种世界观不能被称为泛神论的，因为根本就没有处在整体（pan）之后的神（theos）的领域；也不能被称为形而上学的，其原因很简单，因为在由原子或分子微粒所构成的物理宇宙领域之上或之后根本就没有任何处所。为了进一步阐明这个论点，我们可以看看狄德罗在题为《谈话的继续》(*Suite de l'entretien*）的文本中相当大胆的思想实验，这则谈话是在波尔多医生和雷斯皮纳斯小姐之间进行的，在《达朗贝之梦》一文中这两个同伴倾听和解释达朗贝的半梦。甚至就形成夫妇的那种爱——其参与者都是人——狄德罗也没有保留最后和最基本的人类文化禁忌。他让波尔多和雷斯皮纳斯考虑，人与山羊之间进行有效的交配而产生的羊人所带来的好处和令人难受的“附带的危害”。

雷小姐：[……] 你认为杂种是怎么一回事？

波尔多：[……] 你的问题是物理方面的呢，还是道德方面的呢？

雷小姐：物理方面的，物理方面的。

波尔多：好极了；道德方面的问题已经先谈了，并且你也解决了这个问题；那么……

雷小姐：我同意……这无疑地是一个引子，可是我希望……你把原因和结果分开。我们把那下贱的原因抛到一边吧。

波尔多：你这是叫我从末尾开始；可是你既然愿意这样，我就告诉你，多亏我们的畏怯，多亏我们的阻遏，多亏我们的法律，多亏我们的偏见，做出来的实验是很少很少的；人们简直不知道完全不会生产的交合是怎么一回事；在什么情形下有用的与愉快的结合在一起，从各种不同的连续的试验中可以预期产生出那些类的品种来，那些浮恩究竟是真的还是假想出来的 [……]

雷小姐：可是你说的那些连续的试验是什么意思呢？

波尔多：我的意思是说，生物的流转是逐渐的，生物的同化是有准备的，要想在这些实验中取得成功，必须从远处开始，必须首先用近似的饲养法使动物接近起来。[……]我选山羊是由于我个人的一些特殊考虑。

雷小姐：是些什么考虑呢？

波尔多：这是因为，这是因为……以此方式，我们可以从山羊培养出一个有力、智慧、不倦、敏捷的品种来，我们可以拿它当出色的仆人。

[……]

雷小姐：快点，快点，医生，去进行你的事业吧，给我们造出羊脚人来吧。

波尔多：你毫不犹豫地许可这样做吗？

雷小姐：可是，请停一停。我想到一件事；你的羊脚人将是一些淫荡的恶棍。

波尔多：我不能给你担保他们有好道德。

雷小姐：那样，正经女人就会没有安全了；它们会没完没了地繁殖下去，长久了就不得不或者把它们打死，或者服从它们。我不愿意要了，我不愿意要了。你歇歇吧……（《狄德罗哲学选集》第 201—203 页。)[1]

---

〔1〕 Mlle de l'Espinasse: [...] Que pensez-vous du mélange des espèces?

Bordeux: [...] Votre question est-elle de physique ou de morale?

ME: De physique, de physique.

B: Tant mieux; la question de morale marchait la première, et vous la décidez. Ainsi donc ...

ME: D'accord ... sans doute c'est un préliminaire, mais je voudrais ... que vous séparassiez la cause de l'effet. Laissons la vilaine cause de côté.

B: C'est m'ordonner de commencer par la fin; mais puisque vous le voulez, je vous dirai que, grâce à notre pusillanimité, à nos répugnances, à nos lois, à nos préjugés, il y a très peu d'expériences faites, qu'on ignore quelles seraient les copulations tout à fait infructueuses; les cas où l'utile se réunirait à l'agréable; quelles sortes d'espèces on se pourrait promettre de tentatives variées et suivies; si les Faunes sont réels ou fabuleux [...]

ME: Mais qu'entendez-vous par des tentatives suivies?

B: J'entends que la circulation des êtres est graduelle, que les assimilations des êtres veulent être préparées, et que, pour réussir dans ces sortes d'expériences, il faudrait s'y prendre de loin et travailler d'abord à rapprocher les animaux par un régime analogue. [...] J'ai choisi la chèvre par des considérations qui me sont particulières.

ME: Et ces considérations?

B: [...] C'est que ... c'est que nous en tirerions une race vigoureuse, intelligente, infatigable et véloce dont nous ferions d'excellents domestiques.

[...]

ME: Vite, vite, docteur, mettez-vous à la besogne, et faites-nous des chèvre-pieds.

B: Et vous le permettez sans scrupule?

ME: Mais, arrêtez, il m'en vient un; vos chèvre-pieds seraient d'effrénés dissolus.

B: Je ne vous les garantis pas bien moraux.

ME: Il n'y aura plus de sureté pour les femmes honnêtes; ils multiplieront sans fin; à la longue il faudra les assommer ou leur obéir. Je n'en veux plus, je n'en veux plus. Tenez-vous en repos. [...] (Diderot 1964, 381—384)

尽管雷斯皮纳斯小姐不再坚持把这种最激进的实验方法引入我们今天视为遗传学的那个自然哲学的部分，但是洪水的闸门已经开启。同时，有两个问题有待于回答。第一个问题是，在提出一种彻底还原论—唯物论的世界观——这种世界观完全抛弃了灵魂以及只有着眼于灵魂才能得到解释的象征性调谐——之后，为什么还会把爱当作引发人类繁殖过程的一部分。第二个问题则是，如果我们找到了回答第一个问题的途径，那么我们该以何种方式解释爱的意义。我关于大卫·休谟的爱的哲学的论文将会深入处理这些问题。休谟的机智解决方式是把我们的“原初印象”的身体起源问题完全放在一边儿。作为一名出色的现象学家，休谟把我们广大的内在经验领域、我们的印象和观念在个体层面的多重的生产和再生产以及同情这个最一般的“原理”在整个有感觉存在物范围之内的广泛有效性视为理所当然。同情被证明是狄德罗的超个体的整体观念在现象学上的升华版本，而这种观念使得同情不再对人的——或其他什么——有限个体性的存在或不存在做形而上学的要求。它只是使坚持实体性自我的观念不再可能。休谟式的自我不是一个预先由上帝给定的实体的我，而是就自我与它的世界之间的基本关联中的一极所形成的具有自然意味的边界概念。

第四讲 休谟对爱的自然主义阐释

在前面关于18世纪哲学中的反形而上学转向的研究中，我曾允诺要在关于持续流变的一般哲学观念的背景下看一看休谟的爱的哲学。而在关于这个论题的分析中，我使用最多的是休谟在1739年发表的第一部里程碑式的作品《人性论》(*Treatise of Human Nature*)。

休谟的人性哲学是一个高度复杂的思想体系。即便我们把自己限制在它讨论爱的那个部分，我们几乎还是只能触及它的某些最一般的特性。在当前的研究中，我想提醒人们休谟的一般情感概念的某些基本特征，并在他的同情原则的背景下刻画他的爱的概念，最后要把休谟的观念与传统爱的哲学在仁爱和欲爱之间的基本区分联系起来。

让我们从休谟就情感理论之地位所持的一般论点出发。

在情感的产生和情感行为中存在着某种规范机制。这种机制可以跟运动、光学、流体静力学或自然哲学的任何一个部分的规律一样得到同样精确的探究。[1]

这句话是《论情感》的结束语——该文是休谟有鉴于《人性论》出版后不被接受的命运而就该书中的特定部分所撰写的更简洁的随笔之一。它明确地向我们例示了，休谟究竟以何种方式持有他那令人多少有些吃惊的观念，即在情感的运作——也就是以往哲学家们认为最难于把握的那些现象的运作——中，也有一种机械的规则性。从其哲学生涯伊始直至结束，休谟一直信服这种意见的真实性。

然而，如果我们不仔细考察这个陈述可从两个方面得到解读这一不很鲜明的特征，那么这种看法似乎会更加令人惊奇。实际上，这个陈述不仅说，休谟相信在情感哲学和机械论科学之间可以类比，反之亦然：而机械论科学被认为与情感哲学具有相同的精确性，则意味着它们并不比情感科学更加精确。不管这种说法听起来如何令人惊奇，可是它跟休谟对事物的一般看法是一致的：没有任何科学可以穷尽一切地、全面彻底地理解它的一套特殊对象。没有任何科学可以不依靠原初的人性结构或原初的心灵构造所安排的不可避免

[1] 参见《大卫·休谟哲学著作集》(*The Philosophical Works of David Hume*, ed. by T.H. Green and T.H. Grose, London: Longmans, Green, and Co., 1898)第二卷，第139—166页。

的界限而独立地探究它的对象。即便是数学或形而上学，也就是在传统哲学中，特别是在17世纪，被认为具有绝对确定性的典范科学，也不能免除这条一般准则。[1]

然而，在提到人性的原初构造时，我们千万不要忘记休谟的思考方式所具有的最重要的根本特征之一：对他而言，研究人性并不在于探究人这个由特定灵魂和特定身体构成的统一体所具有的生理构造，更别说形而上学构造了。他所提出的探究人性的方式，乍看起来相当古怪，因为他主要关注由在人心之中发生的和对人心发生的一切所构成的总体。他把自己哲学研究的主要领域限定于能够在特殊的人心中出现的现象圈子里。可是，尽管这种进路似乎很是古怪，但在他那个时代却又并非绝无仅有——对它的后续应用除外。因为大多数17世纪的杰出哲学家都认为，人们能够直接认识的对象，并不是那些如其自身实存的那样处在我们之外的世界中的对象，而是我们心灵的观念。据此，他们已经认识到——尽管他们会以不同方式强调不同的因素——我们全部知识的基础要到我们的心灵之中去寻找。因此，大多数17世纪的思想家（甚至霍布斯也以特殊方式属于这个范围）都认为，基础科学只能是一种心灵

〔1〕参见《人性论》导言。本文关于《人性论》的引文参照关文运的中译本（商务印书馆1980年版）。

科学。而第一个把建立在此基本观念基础上的哲学规划提出来的正是笛卡尔，这一点毋庸赘述。然而，如果把笛卡尔关于人心的哲学与休谟的心灵哲学做比较，我们会发现巨大差异。笛卡尔依赖于他的以基督教神学为基础的、形而上学的上帝概念，以之作为我们认识世界的保障。因此，他深信，我们终究会达到我们关于心灵和世界之知识的不可动摇的基础。反之，在休谟哲学中，没有比我们对上帝具有一个形而上学概念这种信念更为缺乏了。所以，既然他没有就我们为知识奠基的理由编造任何其他的诡计，那么他也就不认为，我们可以对世界获得任何直接知识，就如同世界独立于我们而存在那样。这其实就是 18 世纪的反形而上学转向的主要版本之一，我们可以将其称为观念论版本，它跟我们在孔迪亚克、狄德罗和卢梭那里找到的感觉论版本（这些特殊思想家之间又有特定的区别）相对立。

当然，休谟就人的原初构造条件所导致的不可逾越的认知界限提出了一般的甚至是怀疑论的论题——这是一回事。而在《人性论》讨论严格意义上的情感和道德哲学的那些部分（即第二部分和第三部分）中，考虑到休谟在该书开头（即第一部分）所勾勒的一般方法论，他似乎又有权对他的“原理”的真理性保有更多的信心——这是另外一回事。下面即是休谟对人类认知可能性的双重估价所做的典型论述：

外界物体的本质与组织是那样晦暗的，致使我们在自己的推理中，或者不如说是在我们关于它们的推测中，必然会陷于矛盾和谬误之中。但是由于心灵的知觉是为我们所完全知道的，而且在构成关于知觉的若干结论时，我是尽可能地小心的，所以，我总是希望摆脱那些伴随着其他各个哲学体系的矛盾。〔1〕

事实上，休谟似乎并不怀疑像“心灵的原初构造”这类东西的存在和可设想性，他甚至将其作为天赋的东西来提及：“另一方面，洛克先生会乐意承认，我们所有的情感都是一种自然的本能，都仅仅源自于人心的原初构造。”〔2〕从休谟的意义上讲，“天赋的”只是意味着“自然”把某种“随意的和原初的本能”注入到我们自身之中。〔3〕而严格来说，休谟在这里所说的“自然”（或天性）只不过是被笛卡尔引入并为斯宾诺莎所继承的“上帝或自然”这个模糊主体的简化版本。正如上文所言，笛卡尔所说的

〔1〕休谟：《人性论》第二卷第2章第6节：“论慈善与愤怒”（中译本第404页）。

〔2〕休谟：《〈人性论〉摘要》（An Abstract of *A Treatise of Human Nature*）第7页。

〔3〕休谟：《人性论》第二卷第2章第7节（中译本，第406页）。

“上帝或自然”是一个唯意志论的上帝和一个为机械法则所统治的自然之间的联合，而理性或理智完全可以理解这种联合。〔1〕但是，在斯宾诺莎那里，这种相同的析取（*dis*junction）却意味着一种结合（*con*junction）。按照他对这个表达式的理解，由“上帝”和“自然”所意指的主体在一种意义上是统一的并且可以为理性和理智所把握。就休谟的这个模糊的“自然”而言，它与上面这两种较早的想法有着明显对立，可是他似乎又把一种唯意志论赋予了他的自然概念，只不过排除了那种可以使任何意志论主张都合法化的神学背景。〔2〕同晚期经院时期的意志主义思想家思考上帝时所用的方式一样，休谟似乎也认为，尽管自然已经确立了一种确定的秩序，但是过去没有、现在也没有什么东西迫使它确立和严格保持这个秩序。然而，休谟却似乎可以确立相反的秩序，至少就道德世界的法则而言是这样。下面这段话以最为明显的方式展示了这种奇怪

〔1〕在这个方面，笛卡尔的一个典型表述是，“我们必须承认，一切都为神意所引导，它的永恒命令是绝对无误和绝对不变的，以至于除了那些它愿意由我们的自由意志来决定的事情之外，我们必须认为一切影响我们的事情都是必然发生，都是命中注定，由此，凡是欲求着事情会以另外的方式发生，就都是错误的。”(《论灵魂的激情》，第146节，《笛卡尔哲学著作集》(CSMK）第一卷，第380页）

〔2〕参考我们对奥古斯丁的意志概念之起源所做考察的第一部分。

的“方法论上世俗化的意志主义”：心灵具有一种“原初构造”，就自然可以确立完全相反的秩序而不会遭受任何逻辑的或其他的不可能而言，这种原初构造乃是随意的。在莱布尼茨笔下出现了一个专制君主式的上帝，这个上帝期待着，无论他创造了什么秩序，我们人都崇拜他；[1]参照莱布尼茨的描述，我们可以说，休谟的“自然”乃是专横的，这是就它可能建立一种与我们被包含其中的现实世界秩序相对立的秩序而言的。

> 因此，我们可以推断说，慈善和愤怒与爱和恨是不同的情感，而只是由于心灵的原始结构才与后者结合起来。自然给予身体以某些欲望和倾向，并依照[身体上]各种液体和固体的情况而增减或改变这些欲望和倾

[1] 参考莱布尼茨《形而上学论》中的这个段落：“我承认，相反的意见在我看来是极为危险的，并且非常接近于近期那些革新者的意见，这些革新者认为，宇宙之美以及归于上帝之作品的善都只是那些以自己的方式来构想上帝之人的幻想。因此，当人们说，事物不是因为任何善的法规，而只是因为上帝的意志才是善的时，这在我看来就在不知不觉之间摧毁了上帝全部的爱和全部的荣耀。因为，假如他能够因做出与他所做的完全相反的行为而得到同样的赞美，那么他为什么因他所做的而得到赞美呢？如果只有一种专横的权力，如果意志占据了理性的地位，如果根据对暴君的界定，正义只在于任何可以取悦最具权势者的东西，那么上帝的公正和智慧又处在哪里呢？”（莱布尼茨：《哲学论文集》（Leibniz, *Philosophical Essays*, Hackett, 1989），第36页。）

> 向；同样，自然对心灵也是以同样方式进行活动。随着我们发生爱或恨，我们心中对于成为这些情感的对象的那个人的幸福或困难也发生了对应的欲望，这种欲望并且随着这些相反的情感的每一种变化也发生变化。**抽象地考虑起来，这种事物秩序并不是必然的。爱和恨尽可以不伴有任何这一类的欲望，它们的特定的联系也可以完全颠倒过来。如果自然愿意的话，爱的效果可以和恨的效果相同，恨的效果也可以同爱的效果一样。把给人苦难的欲望附之于爱，给人幸福的欲望附之于恨，在这样一个假设中，我看不到有什么矛盾。如果情感和欲望两者的感觉相反，自然原是可以改变感觉，而不必改变欲望的倾向，并借此使两者互相适合。**〔1〕

为了理解情感在休谟体系中的确切地位，从休谟为了表述一切可成为心灵现象的东西而应用的主要术语开始，则是很有用的。他从“校正”以前的思想家——尤其是洛克——的观点开始考察人性。根据这种观点，我们的知识的直接对象乃是我们心灵中的观念。前面我就说过，这是17世纪大多数思想家所提出的一般预设。按照沃尔夫冈·罗

〔1〕 休谟:《人性论》第二卷第2章第6节（中译本第405页），强调为作者所加。

德（Wolfgang Röd）的说法，我们可以将其称为“观念论的（ideistic）预设”。然而，同莱布尼茨一样，休谟偏爱的术语是知觉而不是观念。因此，他把知觉引入进来作为指代任何出现在心中的东西的一般术语。[1] 而他之所以要对洛克——乃至全部 17 世纪思想家——的观点进行“校正”，其背后的原因是他要把他在印象和观念之间所做出的至今依然出名的区分引入进来。在印象的范畴内，休谟进一步区分了“感觉印象”和“反省印象”。这里，有人可能会不禁认为自己有权借助休谟以“感觉印象”命名的东西来建立心灵和外部世界之间缺失的关联。然而，这种尝试注定会失败，而当休谟说这种印象“最初是由未知的原因才在灵魂之中产生”[2] 时，这一点变得愈发清晰。与此相反，尽管我们确实知道“反省印象”的原因，但是这无助于我们解决在我们的心灵和外部世界之间建立关联这个相同的形而上学谜团。因此，

---

〔1〕“前面已经说过，心灵中除了它的知觉以外，永远没有任何东西存在；视、听、判断、爱、恨、思想等一切活动都归在知觉的名称之下。心灵所能施展的任何活动，没有一种不可以归在知觉一名之下；因此，知觉这个名词就可以同样地应用于我们借以区别道德善恶的那些判断上，一如它应用于心灵的其他各种活动上一样。赞许这一个人，谴责另一个人，都只是那么许多不同的知觉而已。”（休谟：《人性论》，第三卷第 1 章第 1 节，中译本第 496 页。）

〔2〕休谟：《人性论》第一卷第 1 章第 2 节，“题目的划分”，中译本第 19 页。

这些原因乃是从这两种印象之中的一种产生出来的、我们自己的观念。因此，我们用来把观念和印象区别开来的标准就只剩下一种现象论的标准，而不是发生学的标准，亦即“它们（知觉）刺激心灵和进入我们的思想或意识中时的强烈程度和生动程度”，因此，“进入心灵时最强最猛的那些知觉，我们可以称之为印象”，而“所谓观念，我用来指上述这些在思维和推理中的微弱的意象。”[1]

在这一点上，人们可以合法地追问，什么或谁才是我们刚才所谈的所有那些印象和观念的承载者呢？完整而巨大的心灵现象领域如何在诸多特殊单元中表达自身呢？我们该如何在这个由全部现象所构成的广大区域中分离出诸多聚焦中心，也就是那些像整体的诸要素一般相互连接而同时仍有个别区分的中心呢？传统上，这就是哲学家们视为一个在神学上和/或形而上学上得到奠基和确认的实体，拉丁文的术语称其为“我”（ego）。此外，17世纪缩小了“主体”（subject）这个术语传统上宽泛的意义，以便通过把理性的、人类的实体这种可以支撑其可能述谓的新意义（在斯宾诺莎和莱布尼茨那里甚至以非时间的方式与过去、现在和未来相关联）赋予这个术语而指代相同的聚焦

〔1〕休谟：《人性论》第一卷第1章第1节，中译本第13页。

点。这个世纪的思想家偏爱处在——实际上是抓住——从一种易变的、非实体的形式到另一种易变的、非实体的形式持续变化之流中固定的、孤立的、实体性的实在物的预设。但是，18世纪的思想家却不是如此。这恰是上一篇文章所要证明的。在该文中，我研究了狄德罗和其他人就一个持续流变而没有实在的有限个体的世界所持有的观念，而这种实在性则植根于某种无限的东西之中，无论它是上帝、实体或它的无限样式中的某一个。而就这个在绝对的流动性与形而上学意义上固定不变的中心之间进行选择的问题，确定休谟的立场是十分重要的。

事实上，休谟确实提到了某些种类的聚焦中心，他喜欢称之为“自我”(self)，而不是像其他思想家那样称其为“我”(I or ego)。他认为自我就是“我们亲切地意识到它的思想、行为和感觉的那个同一的人格”。[1] 这也正是我在前面研究中所提的休谟的原型现象学进路之基础。休谟以此进路对无边无际的现象领域进行表述，但是却没有在形而上学或本体论上要求一个稳定的、实体化的“我”的不容置疑的存在。可是，尽管休谟确实多次强调了自我的非实体性的特征，可是在他那里也有一些表述显示出对更为

〔1〕 休谟:《人性论》第二卷第2部分第1节，中译本第365页。

强烈的“我”的概念的要求。其中，休谟谈到了“灵魂的一种原始性质”（同上书，第二卷第2章第8节，中译本第409页）或“心灵的诸性质”，同时他还说道：

> 如果一个作家写了一部书，其中一部分是严肃而深刻的，另一部分是轻松而幽默的，每个人都会鄙弃那样奇怪的一种混杂品，因它忽略艺术和批评的一切规则而加以斥责。这些艺术规则是建立在人性的性质上面的，人性中有一种性质要求每种作品都有一致性，这种性质就使心灵不能在一刹那中由一种情感和心情转到十分不同的另一种情感和心情。（同上书，第二卷第2章第18节，中译本第417页。）

如果回想一下我在前面的研究中将其作为从哲学上构想的持续流动之世界的平行物或对立面而提出的十八世纪的艺术理论和实践的诸多特征，那么我们就能揭示出这个段落的复杂性。狄德罗是一个持续改变其叙述之形式、特征或其他方面的大师，而就上引段落中休谟所谴责的那种“奇怪的混合”，狄德罗恐怕不会发现任何值得谴责之处。因此，即便我不想说休谟是一个隐蔽的形而上学家，可是他的音调有时候明显更接近于一个传统主义者的音调，而不是接近于如狄德罗一般的革命思想家的音调。也许，休谟没有使用关于身体的新兴的生物科学以及他只是关注他认为可以直接意识到的心灵内在构造之广大领域，使他能够不强烈置身于这样一个世界：在此世界中，一直只是暂时稳定化的心灵单元以相同的方式并在相同的程度上像身体的单元一样解体。对休谟而言，心灵似乎比身体更能抵抗解体的倾向，尽管这种抵抗并不是绝对的。

心灵比身体对解体具有更高程度的抵抗也可以从另一个迹象表现出来。一种实在的持续流动，那种理想的流动状态必然要在心灵中预设一个持续的、没有任何规则的知觉流。然而，在休谟那里，无论是整个现象领域，还是这个领域中作为临时自我的聚焦中心，都明显不是无规则的绝对流动状态——这种流动状态就好像处在持续而偶然的运动之中的思想单元。实际上，不仅一个强烈的、被意识到的内在心灵单元的预设使休谟式的自我避免了它的个体性的彻底消解。我们的想象活动中的三种基本联结规则也从根本上做了相同工作。这三种规则就是相似、邻近和因果关系。通过它们，每个自我或思想单元中的知觉就以高度复杂和动力变化之方式被联系起来。而且，如果更贴近地考察情感理论，我们将发现大量所谓的心灵运行“原则”，而这些原则被或多或少地界定为“原始的”。当人们学习并尝试着对他们内在精神生活的常规机制——笛卡尔称之为“自然的规制”（institutions de la nature）——的运行施加影响，以及对那些在物体科学中得到研究的机制——关于这些机制的知识是通过因果关系及其最终的基础，亦即习俗而获得的——施加影响时，这些根本的规则给人以支持。

实际上，休谟对于在联想规则和原始构建原则中表达自身的内在心灵单元的坚持，可以被视为传统操作型心灵哲学的副作用，在这种哲学中，作为指向共同概念和普遍规则的认知官能的理性同时控制着理论和实践两方面的活动。然而，休谟固执地否定了理性在指导我们的道德行为时的功效。他把联想的规则和那些原则置于传统上被认为较低的心灵官能——亦即想象和记忆——之中。那么，我们也就无需奇怪，剩下的作为伦理考虑和判断之来源的只能是印象，其中大部分是反省印象，休谟把情感和情绪都包含在这个范畴之下。〔1〕

〔1〕“一个印象最先刺激感官，使我们知觉种种冷、热、饥、渴、苦、乐。这个印象在心中留下一个复本，印象停止以后，复本仍然存在；我们把这个复本称为观念。当苦、乐观念回复到心中时，它就产生欲望和厌恶、希望和恐惧的新印象，这些新印象可以恰当地称为是反省印象，因为它们是由反省得来的。这些反省印象又被记忆和想象所复现，成为观念，这些观念或许又会产生其他的印象和观念。因此，反省印象只是在它们相应的观念之前产生，但却出现在感觉印象之后，而且是由感觉印象得来的。”（休谟：《人性论》第一卷第1章第2节，中译本第19—20页。）

因此，情感在休谟那里就是反省印象，亦即一种更为生动的知觉。而根据它们的猛烈程度，他又将其分为两个亚种，即平静的情感和猛烈的情感。[1] 值得一提的是，休谟在文中对这种二分有两种主要的用法。首先，借助平静的情感这个概念，他解释了为什么大多数人把伦理的效能归于理性——但他深信这种做法是错误的。[2] 其次，平静的情感可以被用作为真实情感的影像，而休谟认为，人

---

〔1〕“反省印象可以分为两种，即平静的和猛烈的。对于行为、著作和外界对象的美和丑所有的感觉，属于第一种。爱和恨，悲伤和喜悦，骄傲和谦卑等情感属于第二种。这种分类远非精确。对诗歌和音乐的狂喜心情往往达到极高的程度；而恰当地被称为是情感的其他别的印象，却可以衰退为那样柔和的一种情绪，以至于变得可以说是觉察不到了。”（休谟：《人性论》第二卷第 1 章第 1 节，中译本第 310 页。）

〔2〕“我们平常所谓情感，是指任何祸福呈现出来时、心灵所发生的一种猛烈的和明显的情绪；或者当任何一个对象呈现出来、借着我们官能的原始结构特别适宜于刺激起一种欲望，这时也有情感发生。我们所谓理性也是指着与情感性质相同的情感而言；不过这一类情感的作用较为平静，并不引起性情的混乱；这种平静状态使我们对于这些情感发生一种错误，使我们误认为它们只是我们理智官能的结论……一般来说，猛烈的情感对于意志有一种较为有力的影响；虽然我们也常常发现，平静的情感在得到反省的配合和决心的支持时，也足以控制情感的最暴烈的活动。使这方面整个情形较为不易断定的原因是：平静的情感容易转变为猛烈的情感，转变的原因或是由于性情的变化，或是由于对象的条件和情况的变化，例如由任何伴随的情感借来了力量，或是由于习惯之力，或是由于想象受了激动。总而言之，一般人所说的这种理性和情感的斗争使人生变得多样化了，不但使人们彼此互相差异，而且使个人自己在各个时间中也各不相同。”（休谟：《人性论》第二卷第 3 章第 8 节，中译本第 476 页。）

们只能对生物感受到真实的情感。这个情感范畴可以解决（只有少数人才能感受到的）对无生物的情感问题，其中我们发现艺术作品是一个不容忽略的类别，[1]但是在休谟构建他的体系时，他却毫不含糊地把这类情感从他所认可的情感范围中排除了。而在这两种情况下，休谟都使用了平静的情感这一概念。考虑到他所特有的、没有偏好的同情概念——他把这种同情拓展到一切有感知的存在物而且仅仅拓展到有感知的存在物之上——以及建立在这种同情概念之上的爱的概念，我们似乎有十足的理由认为平静的情感具有替换那种“被禁止的”、对处于其他无生命对象之中的艺术作品的爱的功能。

至于更严格的爱的概念，休谟的另一种二分更具相关性，它在猛烈的情感这个子范畴之内活动，并且由直接的和间接的这一对概念来命名。

> 当我们观察各种情感时，又发现了直接情感和间

---

〔1〕“反省印象可以分为两种，即平静的和猛烈的。对于行为、著作和外界对象的美和丑所有的感觉，属于第一种。爱和恨，悲伤和喜悦，骄傲和谦卑等情感属于第二种。这种分类远非精确。对诗歌和音乐的狂喜心情往往达到极高的程度；而恰当地被称为是情感的其他别的印象，却可以衰退为那样柔和的一种情绪，以至于变得可以说是觉察不到了。”（休谟：《人性论》第二卷第1章第1节，中译本第310页。）

接情感的那种划分。我们所谓直接情感，是指直接起于善、恶、苦、乐的那些情感。所谓间接情感是指由同样一些原则所发生、但是有其他性质与之结合的那些情感……我只能概括地说，我把骄傲、谦卑、野心、虚荣、爱、恨、妒忌、怜悯、恶意、慷慨和它们的附属情感都包括在间接情感之下。而在直接情感之下，则包括了欲望、厌恶、悲伤、喜悦、希望、恐惧、绝望、安心。（休谟：《人性论》第二卷第1章第1节，中译本第310页。）

因此，爱是这些猛烈情感中的一种，它们皆“由（善恶、苦乐）相同的原则而出……但是有其他性质与之结合。”既然休谟的间接情感理论乃是在“骄傲与谦卑——爱与恨”这个矩阵之中以对称的方式得到构型，而且只有理解了骄傲的基本特征之后才能更好地理解爱，那么让我们首先看看休谟最初引入的东西，也就是骄傲与谦卑这个对子。

恰恰是通过考虑这个情感对子，休谟得出必须在任何情感的对象和原因之间进行区分这个著名结论。

因此，我们必须区别这些情感的原因和对象；必须区别**刺激起情感的那个观念**和那个情感一经刺激起来被我们观察时所参照的**那个观念**。骄傲与谦卑一旦刺激起来以后，立即把我们的注意转向自我，并把自我看作它们终极的、最后的**对象**；但是还需要一种东西，才能产生它们，即两种情感之一所特有，而不在同一程度内产生两者的一种东西。呈现于心灵的第一个观念就是一个**原因**或**产生原则**的观念。〔1〕

让我们回头看看本文对那条也为休谟所分享的预设以及这条预设对他的情感理论的哲学背景所产生之影响所做的一般介绍。被推移到情感理论中的这条观念论预设意味着，任何一种情感的原因或对象都不可能是别的，而只能是观念，或用休谟的术语来说，只能是知觉："原因或产生原则"乃是"呈现给心灵（亦即向心灵发生）的**第一个**观念"，"激起情感的**观念**"。而"最终极的**对象**"则是"它们（即情感）被激起时其目光所指向的**观念**"。情感（或至少是最平常的间接情感，例如骄傲和谦卑、爱与恨"及其依赖物"）恰是处在两个其他的知觉—观念之间的中间性的心灵知觉—印象。这明白地展现出，休谟的情感理论就是一

〔1〕 休谟：《人性论》第二卷第1章第2节（中译本第312页），强调为作者所加。

种关于情感的原型现象学。

如果我们现在回到关于骄傲与谦卑——即爱与恨——的原因和对象这个复杂的论题，那么我们能够观察到的最基本的东西就是，即便骄傲和谦卑的独一无二的对象对任何一个“同一的人格”（也就是在现象学意义上稳定的、却不是在形而上学意义上固定的自我）而言就是她的自我，可是在它们的原因之中却有巨大的多样性：

> 它们最明显而可注目的特性，就是这两种情感可以由此而发生的那些主体的极大多样性。心灵的每一种有价值的性质，不论其属于想象，属于判断，属于记忆，或属于性情，如机智、见识、学问、勇敢、正义、正直，所有这些都是骄傲的原因，而其反面则是谦卑的原因。这些情感并不限于发生在心灵方面，而也将它们的观点扩展到身体方面。一个人也可以由于美貌、体力、敏捷、体态、熟练的舞术、骑术、剑术以及他在任何体力劳动和技艺方面的灵巧而感到骄傲。但是还不止这些。这些情感在往远处看时，还包括了一切与我们有丝毫联系或关系的任何对象。我们的国家、家庭、儿女、亲戚、财富、房屋、花园、犬马、衣服，任何一样都可以成为骄傲或谦卑的

原因。[1]

我们可以将其总结为一条准则：

> 凡产生快乐感觉并与自我相关的任何事物（亦即任何观念）都能激起骄傲的情感，而这种骄傲情感同样也是愉快的，并以自我为对象。[2]

既然爱的可能原因与骄傲的可能原因就性质和种类[3]来说并无根本差别，那么至为重要的是注意到休谟的情感理论从字面意义上与笛卡尔的理论相对立的特征，同时也要注意到他的理论在拓展的意义上与17世纪其他形而上学理论相对立的特征。

---

〔1〕休谟：《人性论》第二卷第1章第2节，中译本第312—313页，强调为作者所加。

〔2〕休谟：《人性论》第二卷第1章第5节，中译本第323页。

〔3〕“我们如果考究爱和恨的原因，我们就将发现这些原因是多种多样的，并且没有许多共同的东西。任何人的德行、知识、机智、见识和风趣，都引起爱和尊重；相反的性质便引起憎恨和鄙视。身体方面的优点，如美丽、体力、敏捷、灵巧和它们的反面都引起同样的爱和恨的情感；而由家庭、财产、衣服、民族和气候等外在的优点和缺点，同样也引起那些情感。这些对象中没有一个不可以借其不同的性质引起爱和尊重，或是憎恨和鄙视。”（休谟：《人性论》第二卷第2部分第1节，中译本第366页。）

换句话说，休谟为那些可以成为骄傲和爱的原因的东西列出了长长的名录。然而，有一个东西他甚至从未提到，那就是我们的自由意志。更不用说，他从来没有区分自由意志与将其作为骄傲和爱的唯一恰当的原因而对其做良好的（亦即由理性控制的）使用。休谟拒绝支持形而上学，因此他不可能把自由意志视为我们感到骄傲和爱的唯一原因。如果他确实将其视为这样的原因，这必然意味着，这一步的基础要么是从笛卡尔的形而上学之树的隐喻一类的形而上学建构借来的，要么是从一种严格的神学形而上学借来的——这种神学形而上学参照了圣经中的这句话，即人是按照一个有意志的上帝之形象被创制出来。

这种区别清楚地表明，从休谟开始，18 世纪的哲学与 17 世纪的哲学规划有了多么远的距离。后者的纲领性目标是要把数学—形而上学式的统一概念与在机械论物理学中为了机械论物理学而被创造出来并随后被转移到人而且首先是人体（它的多重部分要被结合起来并被个体化）领域之中的那个意象结合起来。笛卡尔、斯宾诺莎、莱布尼茨乃是这个规划的主要推动者，但是休谟却令人吃惊地拒斥了它。休谟既不承认也没有继续上一时代思想家们的这个方案。以前的思想家力求探索自我的认知—形而上学的深层结构，以便在那里发现上帝的观念和与他的自我在结构上同一的其他自我的观念；反之，休谟的规划是要对以历史的——而非形而上学的——方式得到规定的人格类型（丰富的、贫乏的，等等）以及以历史的方式得到规定的思维方式进行分析，可是它们以历史方式被规定的存在却以有趣的方式避开了休谟。因此，即便他的分析要求具有描述的—实验的特点，可是它们的规范风味却不能被忽略——且想一想休谟自己也曾要求其他作者要使他们从描述性记录到规范性分析的过渡合法化。〔1〕然而，不管这是不是一个错误的自我解释，休谟都不想把他那些具有历史上既定人格类型的自我确立在以神学为基础的形而上学的深层结构中。相反，他力求在它们的社会关系的矩阵中寻求庇护，而他明显将这个矩阵视为不变的，并且植根于由那个含义模糊的主体——“自然”——为我们提供的心灵的原始构造之中。这就是为什么休谟在《人性论》“引论”的最后几行提出著名的方法论建议的深层原因之一：

> 我们必须审慎观察人生现象去搜集这门科学中的种种实验材料，而在世人的日常生活中，就着人类的交际、事务和娱乐去取得实验材料。当这类实验材料

〔1〕且想一想休谟那里所存在的一切跟“是”和“应当”的用法相关的正式难题以及他对所有模糊了二者之界限的人所提出的诘难。

经过审慎地搜集和比较以后，我们就可以希望在它们这个基础上，建立一门和人类知识范围内任何其他的科学同样确实，而且更为有用的科学。[1]

此外，对休谟而言，研究和撰写历史就如同他参与到社会生活一样，都是收集经验材料的部分；如果我们把他思想的这两方面的特征——参与社会生活和研究历史——都当作他的哲学方法论的部分，那么它们就明显地把他跟17世纪典型的哲学家区别开来。[2]

前面的段落中已有足够数量的关于爱与恨这个情感对子的线索，现在来描述休谟关于它们——尤其是关于爱——的概念就不难了。正如上文所言，爱与恨是跟骄傲与谦卑相对称的情感对子。就我所见，休谟主要通过两个主要的和一个次要的特征将爱与恨跟骄傲与谦卑区别开。其中首要的特征是它们具有不同的对象：

骄傲与谦卑的直接对象是自我，或是我们亲切地

〔1〕休谟：《人性论》“引论”，中译本第10页。请将这种态度与我们对《论情感》所做的第一个引用中所展现的态度相互比较。

〔2〕尽管斯宾诺莎有时援引古罗马的剧作家，而莱布尼茨经常提及当代的小说。

意识到它的思想、行为和感觉的那个同一的人格；而爱和恨的对象则是我们意识不到他的思想、行为和感觉的某一个其他的人。这一点在经验中就表现得充分地明显。[1] 我们的爱和恨永远指向我们以外的某一个有情的存在者。当我们谈及自爱时，那不是就爱的本义而言，而且自爱所产生的感觉和一个朋友或情人所刺激起的柔情也并无共同之点。憎恨也是如此。[2]

正如上文所言，休谟把别人当作对无生物之爱的东西归入平静的情感这个范畴之中。

休谟发现，骄傲与谦卑这个情感对子和爱与恨这个情感对子之间的第二个主要区别就是后面这个对子能够使我们做好行动准备。

两个印象不但当它们的感觉互相类似时是互相关联的（这是我们在以前各种情形下一向所假设的），而且即当它们的冲动或方向互相类似、互相对应时，这两个印象也是互相关联的。在骄傲和谦卑方面，这种

〔1〕 请注意此处从方法论上恰当指向“经验”——而不是理性——作为这种洞见的来源。

〔2〕 休谟：《人性论》第二卷第2章第1节，中译本第365页。

情形不能发生；因为它们只是纯粹的感觉，没有任何发生行动的方向或趋势。因此，我们只有在伴有某种欲求或欲望的那一类情感方面，来寻找这种特殊印象关系的例子；例如爱和恨便是这一类感情。〔1〕

其实，我并不认为，这种所谓的差别可以被回溯到从社会生活或历史得到的经验发现。只要想到我们总是倾向于不失去我们自身所具有的那些使我们感到骄傲的特性，就足以看到休谟这个论点的脆弱基础。可是，在区分这两组情感对子时，他确实明显使用了这个论点。

而我提到的那个次要的差别，一方面涉及一个特征——它同时证实了休谟的细致入微的观察能力，另一方面涉及一个事实，即这些观察事实植根于那些有赖于历史的思想方式，而远非有关某种原始心灵构造的非时间性的真理。他谈到了这两对主要的间接情感的特殊构件对灵魂的在世存在方式所招致的不同后果。这一次，骄傲与谦卑、爱与恨这个四元的矩阵就像在先前的语境中一样得到不同的安排。

〔1〕 休谟:《人性论》第二卷第 2 章第 9 节，中译本第 419 页。

我们注意到，两种令人愉快的情感，也和两种令人痛苦的情感一样，其间有某些差异、甚至有相反的性质加以区别。没有东西能够像骄傲和自负那样地鼓舞和振奋心灵，而同时，爱或柔情却被发现为可以使心灵软弱无力。这种差异，也可以在令人不快的情感方面观察到。愤怒和憎恨给我们的全部思想和行动增添一种新的力量，而谦卑和羞耻则令人沮丧和气馁。……让我们记住，骄傲和憎恨使灵魂振奋，而爱与谦卑却使心灵变得软弱。〔1〕

事实上，这种观点不仅标志着与休谟的自我理解有关的形式的—方法论上的麻烦——这些断言确实能够被回溯到经验吗？从质料方面来看，这种观点似乎也跟从柏拉图和亚里士多德到蒙田和笛卡尔等众多重要思想家对爱的经验和观察相矛盾——这并不仅仅因为他们比休谟具有更为宽泛的爱的概念，特别是把上帝之爱包含进来。〔2〕

尽管就休谟所刻画的爱的内容存有这些轻微的疑虑，

〔1〕 休谟：《人性论》第二卷第 2 章第 10 节，中译本第 429 页。

〔2〕 参考柏拉图：《会饮篇》（包萨尼阿斯的谈话），亚里士多德：《尼各马可伦理学》（第 8—9 卷），蒙田：《随笔集》（“论友谊”），笛卡尔：《论灵魂的激情》（第 2—3 部分）。

但就他通过下述以实验方式可观察到的（如他所认为的那样）特征来描述爱的努力，我们可以做出相应地概括。爱以不同于我们自己的可感知之物为对象；它像骄傲一样以相似种类的性质及其主体作为其原因；它通过与欲求或欲望的独一无二的联系，使我们做好某种行动准备。

在挑选出爱的这些特征之后，我们可以在爱这个特例之中看到休谟对一般情感的探讨所具有的典型特征。他断定，情感不能被定义，而只能以我们在爱的特例中所彰显的方式得到描述。[1]可是，我认为，即便休谟的理论所具有的这个似乎简单的特征也并不是中立的方法论考察。我甚至认为，我们可以再次发现他反对17世纪形而上学的情感理论家们的明显倾向。笛卡尔、斯宾诺莎、莱布尼茨、马勒伯朗士，甚至是洛克，都为读者提供了他们自己关于爱的定义以及其他所有情感的定义。

简明起见，我只援引笛卡尔在《论灵魂的激情》第79—80节所提出的爱的定义以及他对爱的一个重要组成部

---

〔1〕“给爱和恨两种情感下任何定义是完全不可能的；这是因为两者只产生一个简单的印象，而没有任何混合或组合。我们也同样无需根据其本性、来源、原因和对象，企图对它们加以描述；这是因为爱和恨正是我们现在研究的主题，同时也因为这些情感本身根据我们平常的感觉和经验就已被人充分认识。”（休谟：《人性论》第二卷第2章第1节，中译本第365页。）

分所做的重要阐释：

> 爱是由精气运动所引发的心灵的情感，它推动心灵自愿地将自身与似乎适合于它的对象相结合。
>
> 在使用“自愿地”这个词时，我要说的不是欲望，后者乃是一种与未来相关的、完全独立的激情。我所意谓的是一种赞同，根据这种赞同，我们认为自己从今往后会与自己所爱的对象结合在一起，由此我们会想象一个我们认为自己只是其中一个部分的整体，而所爱的对象则是另一个部分。（CSM I：356）

很明显，上述的17世纪思想家们都相信，有可能像探讨几何问题那样通过理性分析来探讨伦理问题，而这种确信为他们定义情感提供了一个充分理由。他们认为，通过伦理定义，人们可以为自己创设通路以便进入伦理观念之间的永恒关系领域，其方式正如同他们认为通过几何的或形而上学的定义，就可以通达几何和形而上学观念之间的永恒关系。此外，如果近距离考察笛卡尔的定义，我们在其中几乎只能看到那些不能在休谟式的（社会或历史的）经验中被观察到的要素。生命精气的运动、它们与灵魂的结合以及其他方面都是不能以实验方式被观察和证实的事实——在17—18世纪也不行。人们只能提出理论的预设和假设，以便能够以虚构的方式（在17世纪思想家使用“虚构”这个词的意义上，亦即通过植根于形而上学论题中的理论构建，以压制随意的出现）来界定激情。

如果我们把休谟对笛卡尔定义之一般方面的分析作为他彻底拒绝给情感下定义的背景，我们就可以在其中明确看到他与形而上学分道扬镳的新标志。

另一方面，如果只看他们各自情感理论的形式方面，那么，很显然，笛卡尔和休谟都在“基本情感对衍生情感”的框架下展开研究。骄傲与谦卑、爱与恨，就它们都有大量与它们相关联的其他情感而言，明显都是基本情感。而骄傲与谦卑以及爱与恨的多方面原因足以在这些情感之间产生诸多亚种，从而使得对“首要的”或“基本的”情感以及“次要的”或“衍生的”情感这些术语的使用合法化。〔1〕仁爱与愤怒总是跟爱与恨这对情感一同出现

---

〔1〕参考休谟:《人性论》第二卷第2章第2节（中译本第366页）：“如果考究爱和恨的原因，我们就将发现这些原因是多种多样的，并且没有许多共同的东西。任何人的德行、知识、机智、见识和风趣，都引起爱和尊重；相反的性质便引起憎恨和鄙视。身体方面的优点，如美丽、体力、敏捷、灵巧和它们的反面都引起同样的爱和恨的情感；而由家庭、财产、衣服、民族和气候等外在的优点和缺点，同样也引起那些情感。这些对象中没有一个不可以借其不同的性质引起爱和尊重，或是憎恨和鄙视。”

（第二卷第 2 章第 6 节），引发它们的某些亚种，例如尊敬与蔑视、同情与怨恨，以及那些处在爱的宽阔光谱中的情感——这个光谱从我们对最遥远的熟人的最微弱和基本的积极情感，历经我们对至亲的爱而到性爱的激情，最终到达（处在这个光谱尽头的）由知识所激发的爱（“对真理的爱”[1]），这是休谟暗地里承认的。[2] 休谟还有一个有趣的论点：依据这个论点，相通的情感可以某种变易的方式在动物之中被激起[3]。而这类情感在大多数首要的和依赖性情感中引发一系列从属的情感。

因此，笛卡尔和休谟都使爱和恨突出成为首要的情感，它们都有以这种或那种方式与它们相关联的次一级的情感。对休谟而言，依赖于爱的情感主要包括：仁爱、仁慈或尊敬、同情、怜悯、“传来的同情的情感”、“片面的同情

---

〔1〕 休谟：《人性论》第二卷第 3 章第 10 节。

〔2〕 休谟的这个宽阔的爱的光谱要比初看起来更加类似于笛卡尔的理论。就笛卡尔的爱的概念，可以参考康布希纳：《笛卡尔的主体性与爱》（D. Kambouchner，“Cartesian Subjectivity and Love”），辑于《17 和 18 世纪哲学中爱的概念》（G. Boros，H. De Dijn，M. Moors eds.：*The Concept of Love in 17th and 18th Century Philosophy*）第 23—42 页；该文集的导论以及鲍罗斯：《激情》（G. Boros，“The Passions”），载于《牛津早期现代欧洲哲学手册》（C. Wilson，D. Clarke eds.：*The Oxford Handbook of Philosophy in Early Modern Europe*，Oxford：OUP，2011），第 182—200 页，尤其是第 196—199 页。

〔3〕 休谟：《人性论》第二卷第 1 章第 12 节以及第二卷第 2 章第 12 节。

心”[1]、尊重、浓厚的好感或善意，“性爱”，亦即“两性之间的爱”。

而这些“依赖性情感”之间的关系体系再一次遵从休谟关于一个独立于全部历史而存在的稳定人性的方法论假定。在我看来，这一点最为显著的例证就是第二卷第2章第5节的标题，即“论我们对于富人与权贵的尊重”——这种命名方式已经多有透露。既然尊重是爱的从属种类，那么我们在此就有机会注意到在17世纪思想家与休谟之间所发生的范式转变的另一个方面。从笛卡尔到马勒伯朗士，17世纪的思想家都深信，爱的自然对象是完满，因此，爱的最为自然的对象就是上帝，这个绝对完满的存在者。当然，他们也把对重要人物的爱算在里面。但是，对于他们来说，这种爱的基础乃是这些人在完满链条中的位置，而这就意味着对这个世界中较小或较大部分的责任。这与一种真正的贵族概念完全一致，而这种真正的贵族与那种毫无个人优点的世袭的——更不用说购买得来的——贵族正相对立。因为，根据天意的手段来统治整个世界的上帝具有与其绝对的完满相称的最大量的责任。而这种富足的外在标志，在他们看来，并不足以在旁观者心中激发任何自

〔1〕 休谟：《人性论》第二卷第2章第7节。

然之爱。

休谟的观点与笛卡尔和17世纪思想家的上述观念正好相反。第5节由之开始的那句话使这种对立关系变得足够清楚："没有东西比一个人的权力和财富更容易使我们对他尊视；也没有东西比他的贫贱更容易引起我们对他的鄙视……"〔1〕

与17世纪的看法相反，在这幅图景之中根本没有任何道德上的完满存在：这里只有那个神秘的行动者"自然"，但没有任何的前置词"上帝或……"，只有这个自然依靠自然的（physical）完满而运转——在希腊语中physis具有与拉丁语中的"自然"相同的含义——，但却不依赖形而上的完满，而莱布尼茨在刻画一个依自由意志而行动的专制的上帝概念时却恰好考虑了这种形而上的完满。〔2〕

〔1〕 休谟：《人性论》第二卷第2章第5节，中译本第394页。

〔2〕"我们就上帝所具有的最广泛被接受的且最有意义的概念用下述语句就得到足够充分的表达，即上帝是一个绝对完满的存在者；……为了更为深入地洞察这个问题，我们最好注意到，在自然之中有多种完全不同的完满，上帝同时具有所有这些完满，而其中每一种完满都以最高的程度归属于上帝……由此可以推出，拥有至高无限之智慧的上帝以最完满的方式行动，这不仅从形而上的意义，而且是从道德的意义上说的。"（莱布尼茨：《哲学论文集》，第35页。）"上帝总是以最可能完满和最可欲求的方式行动，对这条伟大真理的一般知识，依照我的判断，乃是我们在一切事物中归于上帝的爱的基础，因为他在爱时就会在所爱对象的幸福或完满之中、也在他的行为之中寻求满足。"（同上，第37页。）

在笛卡尔那里，作为合法自尊的形而上学基础的自由意志和作为爱的唯一合法基础的完满，这两个相互补充的概念在所有人之间以及狭义上在所有人与上帝之间构建了以形而上学为基础的关联性。灵魂最重要的情感“慷慨”以对每个邻人的宽容作为其最重要的组分。〔1〕现在，既然摧毁了笛卡尔和其他 17 世纪形而上学哲学的形而上学基础，并且拒绝为理性赋予任何真正的道德意义，〔2〕那么，休谟就可以构建出一种逻辑一贯的、自我本位的道德理论。然而，休谟远没有支持这样一种以实验证明的自爱概念为基础的理论。他明确否定了自爱的可能性，同时也否认了爱无生物的可能性。可是在他做出了这种反形而上学的预设之后，他如何能够避开自我中心论呢？

回答这个问题的线索可以在前面提到的《人性论》中的一个段落中找到，这个段落因其所提出的对富人的自然的尊重或爱这个情感论点而引起了我们的特殊关注。休谟

---

〔1〕 就笛卡尔的慷慨概念，可以参看《论灵魂的激情》第 152 节，特别是第 154 节“慷慨足可以防止我们蔑视他人”。

〔2〕 在下面这段讨论爱不需要“反省和深察”时，这两个方面都得到了例证：“我们可以说，不但爱和恨是全部感情动物所共同的，而且如上所述的爱和恨的原因的性质是那样地简单，可以很容易地被假设为在单纯的动物身上起着作用。这里不需要任何反省或深察的能力。这里指导着一切的动力和原则都不是人类或任何一种动物所特有的。”（休谟：《人性论》第二卷第 2 章第 12 节，中译本第 435 页。）

以富于启发的方式把这个论点和他整个理论的最基本原则中的一个原则联系起来，这个原则就是同情，而同情被证明是人与人之间关联的非理性的和非形而上的基础。

休谟所说的同情其实并非日常的同情概念，后者允许不相容的对立面。这些日常的情感在一般人际关系中以相当偶然的方式出现或不出现。反之，休谟提出的同情没有对立面；它是那些以自然法的效能影响我们思想和行为的情感的自动转移。考虑到休谟整个道德理论的反理性主义实质，我们也就不必奇怪它的范围会扩展到整个有生的自然界：

> 使我们接受这个意见的最好方法，就是对宇宙作一个总的观察，观察一下全部动物界的同情作用的力量，和有思想的存在者彼此间的情绪的迅速传递。〔1〕

而休谟以“这种意见”这个表达所指的乃是上面已经讨论过的那种观点，即所谓的对富人的自然的尊重和对穷人的自然的蔑视。这就意味着，“最好的方法”必须借助一种在所有有感知的存在者中同样普遍和同样自主运转的力量来抵消普遍人性中的不表同情的特征，而无需在理性的

〔1〕《人性论》第二卷第2章第5节，中译本第400页。

形而上的——道德的活动中有其根基。然而，我们似乎可以追问，休谟是否达到了他所追寻的结果呢？结果似乎恰恰相反，自动的同情似乎提升了自然尊重和自然蔑视理论的非同情的结果，而没有真正实现我们与它们之间的和解。后面我们在考察休谟的情感反映概念时，我们会马上回到这个问题。

普遍同情观念很早就从魔法思想起源而出，后来通过斯宾诺莎、莱布尼茨等17世纪思想家而传到18世纪。在斯宾诺莎和莱布尼茨那里，普遍同情以特殊方式被整合到他们以理性和理智为基础的体系中。〔1〕但是，在二者的体系里，类似的同情现象都是在一个由理性确立的、形而上学的道德体系中运转，这个特征对休谟而言肯定是一个严重的障碍，阻止他从斯宾诺莎和莱布尼茨那里把普遍同情概念直接拿过来。因为，在休谟看来，同情具有普遍性，甚至连动物都服从于这种普遍的同情。〔2〕

---

〔1〕参考斯宾诺莎：《伦理学》第三部分，尤其是命题十五以下，以及莱布尼茨的“普遍交感”（sympnoia pantha）概念。

〔2〕“显而易见，同情或情感的传导，也发生于动物方面，正如在人类方面一样。恐惧、愤怒、勇敢和其他感情，往往由一个动物传给另一个动物，而它们却并不知道产生原始情感的那个原因。动物也可以借同情感到悲伤……这就显然地证明，畜类感到彼此的苦乐。”（休谟：《人性论》第二卷第2章第12节，中译本第436页。）

不管怎样，对休谟来说，“人性中任何性质在它的本身和它的结果两方面都最为引人注目的，就是我们所有的同情别人的那种倾向，这种倾向使我们经过传达而接受他们的心灵倾向和情绪，不论这些心理倾向和情绪同我们的是怎样不同，或者甚至相反。”[1]

对休谟而言，为了使那些不能以其他方式获得解释的现象有可能获得“科学”解释，这条原理似乎是极为有效而且有前途的。甚至，对尊重的爱、对名声的爱都变得不能以政治术语来解释，不能通过新近开拓出来的公共领域的狭小自由空间——例如洛克所提出的尊重的法则[2]——来解释，而更多地通过这种具有魔法—形而上学起源的同情来解释。

> 我们的名誉、我们的声望、我们的名声，都是有极其重大关系的一些考虑。甚至骄傲的其他原因，如美德、美丽和财富，如果没有别人的看法和意见加以配合，它们的影响也就很小了。为了说明这个现象，我们必须绕些圈子，先来说明同情的本性。[3]

---

〔1〕〔3〕 休谟：《人性论》第二卷第1章第11节，中译本第352页。
〔2〕 参考洛克：《人类理智论》第二卷第28章“别的一些关系”。

然而这种普遍同情的效果却被限定于在有生存在者中出现的现象领域。作为一位出色的原型现象学家，休谟排斥了古代哲学家们以同情作为一种普遍的自然解释力量的观念。

> 在逍遥学派显示出他们受了想象的每一种浅薄倾向的支配的所有例子中，最显著的例子就是他们所说的同情、反感和憎恶真空之感。人性中有一种很显著的倾向，喜欢把自身内部所观察到的那些情绪加之于外界对象……的确，这种倾向稍微通过一些反省就可以压制下去，并且只发生于儿童、诗人和古代哲学家们身上……正是通过这些关于同情和反感的虚构，它出现在哲学家们身上。儿童因为年纪小，诗人们因为自认是盲目信从想象的启示，所以我们都必须加以宽恕；但是我们将发现什么样的借口来为我们的哲学家们这样显著的一个弱点进行辩护呢？〔1〕

但是正如上文所言，这种原型现象学式的同情似乎并不足以抵消人性的没有同情心的结果。因为，一个人的情

〔1〕 休谟：《人性论》第一卷第4章第3节，中译本第252页。

感自动的转移到另一个人心中并不必然意味着日常意义上的同情，也不意味着感受相同的痛苦，从而不可避免地会试图像17世纪哲学家们所设想的仁慈地或慷慨地帮助他人。这样的普遍同情恰恰很容易造成我们既定的人性的无同情心的结果。一个重要的例证就是休谟提到的关于富人和旁观者的例子，在这里，一种非常特殊而且鼓舞人的情感反应会因同情的力量而产生。

> 总而言之，我们可以说，人们的心灵是互相反映的镜子，这不但是因为心灵互相反映它们的情绪，而且因为情感、心情和意见的那些光线，可以互相反射，并可以不知不觉地消失。例如一个富人有用他的财产所得的快乐，在投射于旁观者心中时，就引起快乐和尊重；这种情绪在被知觉到并同情之后，又增加所有者的快乐；在再一度反射之后，又成为旁观者方面快乐和尊重的新基础。财富有使人享受人生一切乐趣的能力，由于这种能力，人们对于财富确实有一种原始的快乐。这种能力既是财富的本性和本质，所以它必然是由财富发生的一切情感的最初来源。这些情感中最重要的一种就是别人的爱或尊重的情感，因此这种情感是因为对于所有者的快乐发生同情而发生的。不过所有者既然因其财富而获

得他人的爱和尊重，因而也就对于财富感到一种次生的快乐，而这种快乐只是由他自身发生的那种原始快乐的再度反射。这种次生的快乐或虚荣感成为财富的一种主要的可取之点，并且也是我们自己希图得到财富或是尊重他人财富的主要理由。在这里原来的快乐经过了第三度的反射；在此以后，意象和反映就因为微弱和混淆而难以区别了。〔1〕

这个例子再一次确证了休谟对人类灵魂生活做出细致入微之观察的出众才能。可是，让我们来考虑一下处在真实的悲惨处境中的穷人这个相反的例子。在与我们所引的情感反映相平行的情感反映之中，同情将会同时强化穷人为穷苦所伴随的感受以及旁观者心中对穷人“自然的”蔑视——以至于人们最终都不知道如何解释休谟的这一观念，即同情可以对我们和我们既定的人性所产生的无情的结果进行调解。

因此，同情在休谟手中是作为一个相当模糊的理论手段来发挥作用的。普遍的同情或同感确实具有仁慈或恶毒的后果。因此，为了描述一个仁慈的人或一个恶毒的人

〔1〕 休谟:《人性论》第二卷第2章第5节（中译本第402—403页），强调为作者所加。

（与日常的意义有所不同）的态度以及描述仁慈和愤怒，[1]休谟所倾注的适当的激情就跟爱和恨没有清晰而必然的联系，这一点跟大多数传统的爱的哲学不同（当然，也有例外，如在笛卡尔那里，但是与休谟有不同的基础）。[2]狄德罗笔下那个长着羊足的达朗贝的思想实验（我们在前文中做了分析）以及在萨德（Marquis de Sade）的著作中以科学精确性被想出来且跟一个在爱和仁慈、恨和愤怒之间颠倒的关联体系有关的极端的性奴役实验，都可以被视作同一个纯粹自然主义的道德体系之硬币的其他侧面，但是在当前的研究框架中无法再对它们做进一步分析了。

---

〔1〕“仁慈（也就是伴随着爱的那种欲望）是对于所爱的人的幸福的一种欲望和对他的苦难的一种厌恶；正如愤怒（也就是伴随着恨的那种欲望）是对于所恨的人的苦难的一种欲望和对他的幸福的一种厌恶一样。因此，希望他人幸福和厌恶他人遭难的心理，就和仁慈相类似，而希望他不幸和厌恶他幸福的心理，就和愤怒相应。”（休谟：《人性论》第二卷第2章第9节，中译本第419—420页。）

〔2〕“爱和恨尽可以不伴有任何这一类的欲望，它们的特定联系也可以完全颠倒过来。如果自然愿意的话，爱的效果原可以和恨的效果相同，恨的效果也可以同爱的效果一样。把给人苦难的欲望附之于爱，给人幸福的欲望附之于恨，在这样一个假设中，我看不到有任何矛盾。如果情感和欲望两者的感觉相反，自然原是可以改变感觉，而不必改变欲望的倾向，并借此使两者互相适合。”（《人性论》第二卷第2章第6节，中译本第405页，参考本文注释9。）

图书在版编目(CIP)数据

爱的概念/(匈)加波尔·鲍罗斯著;吴树博译.
—上海:上海人民出版社,2018
(日月光华·哲学讲堂)
ISBN 978-7-208-14865-9

Ⅰ.①爱… Ⅱ.①加… ②吴… Ⅲ.①爱的理论
Ⅳ.①B82

中国版本图书馆CIP数据核字(2017)第262430号

责任编辑 赵 伟
封面设计 范昊如 夏 雪

日月光华·哲学讲堂
爱的概念
[匈牙利]加波尔·鲍罗斯 著 吴树博 译

出 版 上海人民出版社
(200001 上海福建中路193号)
发 行 上海人民出版社发行中心
印 刷 江阴金马印刷有限公司
开 本 787×1092 1/32
印 张 5.75
插 页 5
字 数 94,000
版 次 2018年1月第1版
印 次 2018年11月第2次印刷
ISBN 978-7-208-14865-9/B·1302
定 价 36.00元